THÈSE

POUR LE DOCTORAT

FACULTÉ DE DROIT DE POITIERS.

MM. LE COURTOIS (✳, I ⚜), doyen, professeur de droit civil.

DUCROCQ (✳, I ⚜), doyen honoraire, professeur honoraire, professeur à la Faculté de droit de Paris, correspondant de l'Institut.

THÉZARD (I ⚜), doyen honoraire, professeur de droit civil, sénateur.

ARNAULT DE LA MÉNARDIÈRE (I ⚜), professeur de droit civil, assesseur du doyen.

NORMAND (I ⚜), professeur de droit criminel.

PARENTEAU-DUBEUGNON (I ⚜), professeur de procédure civile.

ARTHUYS (I ⚜), professeur de droit commercial.

BONNET (I ⚜), professeur de droit romain.

PETIT (I ⚜), professeur de droit romain.

BARILLEAU (I ⚜), professeur de droit administratif.

BRISSONNET (I ⚜), professeur d'économie politique.

SURVILLE (A ⚜), professeur de droit international public et privé.

PRÉVOT-LEYGONIE (A ⚜), professeur-adjoint, chargé du cours de droit constitutionnel.

MICHON, agrégé, chargé du cours d'histoire du droit.

GIRAULT, agrégé, chargé du cours de législation coloniale.

ROCHE (I ⚜), secrétaire.

COULON (I ⚜), secrétaire honoraire.

JURY D'EXAMEN.

Président : MM. SURVILLE.

Suffragants { ARNAULT DE LA MÉNARDIÈRE, ARTHUYS, } *professeurs*

DES
ASSURANCES SUR LA VIE

ENTRE

ÉPOUX COMMUNS EN BIENS

THÈSE POUR LE DOCTORAT

PRÉSENTÉE ET SOUTENUE LE JEUDI 30 MAI 1895, A 3 HEURES

dans la salle des Actes publics de la Faculté

PAR

Maurice MORAND

AVOCAT A LA COUR D'APPEL

LAURÉAT DE LA FACULTÉ DE DROIT

(*Concours de licence de 1890, 1891 et 1892*).

(*Concours de Doctorat de 1893. — 1re Médaille d'or*).

PARIS

Librairie Nouvelle de Droit et de Jurisprudence

ARTHUR ROUSSEAU, ÉDITEUR

14, RUE SOUFFLOT ET RUE TOULLIER, 13

—

1895

INTRODUCTION

Depuis nombre d'années déjà, l'intervention du
législateur est en France vivement sollicitée. Au dire
de certains auteurs, nos lois presque séculaires ne
répondraient plus à des besoins nés d'hier, et nos
Codes auraient tous par suite plus ou moins besoin
d'une refonte générale pour être mis en harmonie
avec les changements, qui n'ont, au cours de ce siècle, cessé de se produire dans nos mœurs et notre société.

Si ces critiques étaient de tous points justifiées, si
nos doctrines juridiques avaient été conçues tellement étroitement que les manifestations multiples de
la vie n'aient pu dans la suite se frayer un passage,
l'inertie de nos législateurs serait sur plus d'un point
inexplicable. Mais le passé nous est, il me semble,
un sûr garant de l'intention qu'ont eue les rédacteurs
de nos lois, non d'arrêter pour toujours le cours de la
vie chez nous, mais bien plutôt de le diriger en lais-
sant un jeu suffisant aux principes qu'ils édictaient.

1

Ainsi se trouvait, pour ainsi dire, faite la part de l'avenir.

L'évolution juridique du peuple romain ne suffisait-elle pas du reste à avertir ces jurisconsultes de l'essentielle mobilité de l'être social ? Cette œuvre du temps sur les relations des individus leur était si bien connue qu'eux-mêmes y ont fait allusion dans le discours qui précède le projet de la commission : « La science du législateur, lisons-nous dans ce rapport, consiste à trouver dans chaque matière les principes les plus favorables au bien commun ; la science du magistrat est de mettre ces principes en action, de les ramifier, de les étendre par une application sage et raisonnée aux hypothèses privées, d'étudier l'esprit de la loi quand la lettre tue (1) ». Ne disons donc point qu'en principe toute institution nouvelle doive être l'objet d'une réglementation spéciale ; mais cherchons bien plutôt à la faire cadrer avec les règles établies, puisque celles-ci, dans la pensée de leurs auteurs, devaient s'appliquer même aux conceptions juridiques impossibles à prévoir lors de la confection de nos codes.

Toutefois, en pratique, certains contrats se sont présentés d'une nature si complexe qu'on a pu croire un instant la science des jurisconsultes impuissante à leur trouver juridiquement une sanction légale. Parmi ces conventions, l'assurance sur la vie occupe,

(1) Fenet, t. I, p. 176.

de l'aveu de tous les commentateurs, une des pre- mières places.

Cette institution, inconnue des rédacteurs du Code civil, n'a jamais été en effet depuis l'objet d'une réglementation de la part du législateur. Si parfois celui-ci l'a mentionnée, ce n'est qu'incidemment à propos d'autres matières et sous l'empire de considérations fiscales ou humanitaires (1). Mais, à aucun moment, il ne s'est prononcé sur les effets civils de ce contrat, autour duquel son silence devait faire naître les plus intéressants problèmes. Les questions soulevées en cette matière ont-elles donc reçu des solutions assez satisfaisantes tant au point de vue juridique qu'en équité pour que la nécessité de combler immédiatement cette lacune de nos lois ne s'impose point impérieusement ?

La solution nous sera sur ce point fournie par une étude du contrat d'assurance entre époux communs en biens. Le régime matrimonial est en effet le champ d'application non seulement le plus habituel de l'assurance sur la vie, mais encore celui où se heurtent le plus vivement les règles juridiques qui tout d'abord semblaient s'opposer à son exécution. Si, d'autre part, j'ai cru pouvoir limiter ce travail à l'hypothèse

---

(1) Loi du 24 juillet 1867 (art. 66 et 67) maintenant pour les sociétés d'assurances la nécessité de l'autorisation gouvernementale. — Loi du 11 juillet 1868, portant création de deux caisses d'assurances : l'une en cas de décès, l'autre en cas d'accidents. — Loi fiscale du 28 juin 1875.

de conjoints communs en biens, cela tient à ce qu'aucun débat ne peut s'élever sous un autre régime matrimonial.

Avec un régime de séparation de biens, par exemple, les époux ont des patrimoines complètement distincts. Chacun conserve l'administration de ses biens ; la femme a le droit de disposer de son mobilier et de l'aliéner sans le consentement de son mari (art. 1449). Nous nous trouvons par suite en présence d'une hypothèse entièrement assimilable au cas d'assurance entre étrangers.

De même, sous le régime exclusif de communauté, le mari a la jouissance de la totalité des biens de sa femme, et par suite si les primes sont prélevées sur les revenus, elles doivent être considérées comme prises sur les biens du mari. Si donc l'assurance est contractée par le mari en faveur de sa femme, elle est de tous points semblable à celle conclue en faveur d'une tierce personne. Cette assurance est-elle, au contraire, stipulée par la femme au profit de son mari et soldée à l'aide des revenus, biens du mari, la situation est alors identique à celle d'un mari s'assurant lui-même à son propre bénéfice sur la tête de sa femme.

Enfin, au cas de régime dotal, les règles de la séparation de biens devront encore être admises quand la femme, propriétaire des biens paraphernaux, aura payé les primes avec les revenus de ces biens. Par contre, si les produits des paraphernaux sont, aux termes du contrat, la propriété du mari, les dispositions concernant le régime exclusif de communauté seront applicables.

En résumé, en dehors d'une communauté, toute confusion entre les patrimoines des époux étant impossible, aucune réglementation spéciale ne peut intervenir, les règles générales de droit demeurent seules en vigueur. Au cours de cette étude, nous constaterons du reste quelles sont ces règles : car, dans certains cas, elles trouvent leur application lors même que les époux sont mariés sous un régime de communauté.

Le choix de mon sujet ainsi justifié, je dois, avant même d'indiquer le plan que je suivrai, me livrer, aussi brièvement que possible, à quelques considérations préliminaires. Dans ce travail, tout d'abord, je n'envisagerai, bien entendu, qu'une des variétés de l'assurance sur la vie : l'assurance en cas de décès la plus habituelle, c'est-à-dire celle où une compagnie s'engage, moyennant une certaine prestation (primes ou capital), à payer, au décès de telle personne, une somme d'argent à un bénéficiaire déterminé. Je n'aurai donc point à m'occuper des cas où l'assurance est dite temporaire ou mixte. Quant à l'assurance de survie elle est par le fait même comprise dans notre étude puisque nous supposons toujours le stipulant prédécédé. L'assurance de survie ne modifie du reste que les rapports d'assureur et d'assuré et n'a aucune influence sur ceux du stipulant avec le bénéficiaire. Il importait de bien limiter ainsi la portée de nos explications.

Observons en outre que depuis longtemps déjà ont cessé les attaques autrefois dirigées contre l'assurance sur la vie au double nom de la loi et de la morale. Bien que cette année même, une affaire judiciaire (1), plus odieuse encore que le procès La Pommeraye ait ramené l'attention publique sur les conséquences fort dangereuses que peut parfois entraîner ce contrat ; nulle voix ne s'est élevée pour reprendre la thèse si éloquemment développée, il y a trente ans, par M. le procureur général Dupin (2).

L'assurance sur la vie peut donc à juste titre être considérée comme ayant désormais acquis droit de cité dans nos mœurs. Si en effet par cela seul qu'un contrat reçoit exécution à la mort d'une personne, il doit être proscrit comme immoral, il faudrait rayer nombre d'articles de notre Code et exclure de nos lois la rente viagère, l'usufruit et les successions elles-mêmes, toutes institutions juridiques impliquant, ainsi que l'assurance sur la vie, un *votum mortis* et capables, par suite, de devenir de près ou de loin l'instrument de coupables desseins.

---

(1) *Affaire Joniaux*. Cours d'Anvers.
(2) Voir son réquisitoire : Cass. civ. rejet. *Aff. La Pommeraye*, D. 64, I, 499.

Toutefois, s'il est une hypothèse où ce contrat présente les plus sérieuses garanties de moralité et où par suite son caractère légal devient surtout indiscutable, c'est sans contredit, lorsque, intervenu entre deux personnes ayant vécu la même vie, goûté les mêmes joies, souffert les mêmes tristesses, il ne peut avoir pour base que l'affection à toute épreuve de deux époux. Que la loi de 1891 en ait diminué, dans ce cas, l'importance au point de vue des conséquences pratiques, nul ne saurait le contester ; mais le fondement sur lequel il repose n'en a pas été pour cela modifié.

Non seulement, sur ce champ d'application, l'assurance sur la vie est inattaquable, mais elle mérite encore l'encouragement des publicistes et la protection de la loi, tant ses résultats aussi bien économiques que moraux sont précieux. Plus que tout autre institution elle est en effet capable d'encourager la petite épargne, puisque grâce à elle, les moindres économies ne restent jamais improductives ou impuissantes. Parfois même, elle rendra cette épargne obligatoire pour certains assurés soucieux de ne pas perdre le fruit de nombreux sacrifices déjà faits en vue de l'avenir.

Aussi, sans plus insister sur ces avantages, dont la preuve mathématique nous est fournie par les statistiques d'assurances (avantages qui ont inspiré à

certains auteurs (1) des pages absolument remar-
quables), j'arrive à l'une des questions les plus dis-
cutées de la matière des assurances : la détermination de la nature du contrat intervenu entre l'assureur et l'assuré.

La solution de cette question, si intéressante qu'elle
soit au point de vue de l'analyse juridique, n'a en
réalité, il faut bien l'avouer, qu'un intérêt purement
historique. Jamais en effet elle n'a constitué le fonds
d'un débat judiciaire, les tribunaux se bornant toujours sur ce point à déclarer qu'en l'absence de législation spéciale, le contrat d'assurance se trouve
régi par les principes généraux du droit (2). Dans
ces conditions, un aperçu très succinct de la question me semble d'autant plus suffisant que si l'une
des théories, émises sur ce point, est invoquée au
cours de notre étude, au service d'une opinion, nous
l'examinerons alors en détail.

Tout d'abord assimiler, ainsi que certains auteurs (3), l'assurance sur la vie à un placement me
semble de toute impossibilité en présence des articles 1892 et 1905 du Code civil, aux termes des-

---

(1) Lire : Senès, *Questions d'assurance*, p. 9. — Jourdan, *Epar-
gne et capital*, p. 342. — Reboul, *Assurance sur la vie*, p. 54-60.
(2) *Sic* : Cass., 15 décembre 1873, D. 74, I, 114. — Cass., 20 décembre 1876, D. 77, I, 504. — Cass., 27 janvier 1879, D. 79, I, 218.
(3) *Sic* : Alauzet, *Traité général des Assurances*, II, n° 533. —
Reboul, *Etudes sur les assurances sur la vie*, chap. VIII et IX.
— Vibert, *Le contrat d'assurances sur la vie*, p. 10.

quels l'emprunteur doit rendre exactement autant qu'il a reçu, plus des intérêts s'il en a été stipulé. Or bien rarement le capital assuré représentera exactement la somme des primes versées accrue de leurs intérêts. En tout cas jamais une semblable corrélation entre les deux prestations n'aura été dans l'intention des parties.

Cette notion de l'assurance-placement, qui fut la première émise en date, étant inadmissible, la majorité des auteurs (1) a voulu reconnaître à l'assurance sur la vie les mêmes éléments qu'à une assurance ordinaire, c'est-à-dire y voir, ainsi que dans l'assurance maritime, par exemple, un contrat tout à la fois aléatoire et d'indemnité.

Il est indéniable que ces deux sortes d'assurances présentent un certain caractère aléatoire commun. Toutefois, dans l'assurance-vie, cet aléa est moins

---

(1) Quesnault, *Traité des assurances terrestres*, n° 12. — De Mouthic, *Des assurances sur la vie dans leurs rapports avec les principes du Code civil*, p. 65. — De Courcy, *Précis d'assurances sur la vie*, 1re partie, p. 10. — Herbault, *Traité des assurances sur la vie*, p. 34. — Couteau, *Traité des assurances sur la vie*, t. I, p. 242. — Mornard, *Du contrat d'assurance sur la vie*, p. 142. — Taudière, *Des assurances sur la vie dans le mariage*, p. 119 et 120. — Rabatel, *De l'assurance sur la vie*, p. 197. — Masson, *Des assurances sur la vie*, p. 104. — Béchade, *Des effets de l'assurance sur la vie en droit civil*, p. 76. — Typaldo Bassio, *Les assurances sur la vie au point de vue théorique et pratique*, p. 82. — Parroul, *Nature juridique du contrat d'assurance*, p. 244. — Baron, *De l'assurance en cas de décès*, p. 47. — Senès, *Le contrat d'assurance en cas de décès*. (*Moniteur des Assur.*, 1887, p. 617).

accusé, puisqu'au lieu d'être soumise à un événement susceptible de ne jamais se produire (naufrage, incendie), l'obligation de la compagnie dépend de la mort d'une personne, autrement dit d'un fait certain quant à son existence et seulement indéterminé quant à son arrivée. Alors donc que l'assureur maritime a toujours quelques chances de ne rien payer en échange des primes, l'assureur-vie aura toujours, au contraire, à débourser, à un moment donné, le capital assuré.

Quoi qu'il en soit, c'est surtout par le second élément indiqué que l'assurance-vie diffère des contrats d'assurance en général. Ceux-ci ont, en effet, nous le savons, toujours pour but la réparation d'un préjudice. Par suite, le capital assuré doit être, dans ces contrats, la représentation exacte du dommage encouru par le bénéficiaire désigné dans la police. Si donc l'assurance-vie a ce caractère essentiel, les compagnies ont la faculté de ne solder au bénéficiaire que l'équivalent du dommage à lui causé par la mort de l'assuré. Celui-ci ne peut pas de son côté, s'assurer pour une somme supérieure à la valeur pécuniaire de son existence à l'égard du bénéficiaire. Or, non seulement les faits nous démontrent que jamais les compagnies n'ont invoqué de semblables motifs pour forfaire à leurs engagements, mais nous savons encore que leurs prétentions à cet égard ne seraient pas admises en droit, alors même que le décès de

l'assuré constituerait, pécuniairement parlant, un
avantage notoire pour le bénéficiaire. Dans ces conditions, il nous semble par suite difficile de considérer
l'assurance sur la vie comme un contrat d'indemnité
et cela au même titre que l'assurance maritime ou
l'assurance contre l'incendie.

N'étant assimilable ni à un prêt à intérêt, ni à
une assurance proprement dite, l'assurance-vie nous
apparaît donc comme une de ces nombreuses variétés
d'actes juridiques que peut produire l'esprit humain
et que nous désignons sous la dénomination de contrats innommés. Cette théorie, adoptée par un petit
nombre d'auteurs (1), peut se réclamer actuellement
d'une décision judiciaire toute récente qui pourrait
bien dans l'avenir, faire jurisprudence. Le tribunal
civil de Reims motivait en effet, le 21 février
1894 (2), un jugement en ces termes : « Attendu
que les assurances sur la vie dont les modalités affec-
tent d'ailleurs des formes assez variées sont recon-
nues licites par une jurisprudence unanime. Attendu
que dans l'état de notre législation, elles constituent
des contrats innommés soumis aux règles générales
des conventions. Attendu que les efforts de la jurisprudence tendent à leur faire produire tous les effets

(1) Leveillé, *Rapport sur le concours de doctorat de la faculté
de Paris.* — Tissier, *Des ass. sur la vie,* p. 64 et 65. — De l'Hô-
pital, *De la nature du cont. d'assur.,* p. 108. — Labbé, note
Sirey, 1877, I, 393, et 80, I, 441.

(2) *Journal des Assur.,* 1894, p. 146.

utiles et équitables que les parties ou les intéressés peuvent en retirer etc... » Cette solution est, à mon avis, de celles proposées non seulement la plus juridique mais aussi la plus heureuse en pratique puisque, n'enserrant point l'assurance-vie, dont le législateur de 1804 ne s'est jamais occupé, dans l'un des quelques types de conventions énumérées et réglementées, elle permet de lui faire plus facilement produire les résultats que les contractants en attendent.

Si nous recherchons maintenant les caractères de ce contrat, il est évident que c'est là une convention synallagmatique, à titre onéreux, se formant « re » : car toutes les polices (1) contiennent une clause d'après laquelle le contrat n'a d'effet non à dater de la signature de la police et par suite de l'échange des consentements, mais seulement à partir du paiement de la première prime.

Ces notions préliminaires établies, il importe, avant toute étude spéciale, de tracer un plan général indiquant l'ordre que nous suivrons dans nos explications.

(1) Voir, par exemple, l'article 3 des polices de la *Compagnie des Assur. générales.*

PLAN

Se préoccuper tout d'abord de la provenance des primes fournies à la compagnie assureur me semble le point de départ le plus logique pour qui veut examiner les rapports des assurances sur la vie et de la communauté. Ces primes peuvent être, nous le savons, en effet prélevées soit sur le patrimoine propre de l'époux signataire de la police, soit sur les deniers de communauté. Or, d'une part, les mêmes règles ne s'appliquant pas à deux catégories de biens, et d'autre part, des résultats identiques étant cependant obtenus dans les deux hypothèses, il est rationnel d'édifier des théories juridiques satisfaisant à des principes différents.

Si logique et si simple que paraisse cette manière d'envisager la question, nous devons cependant avouer non seulement qu'elle n'a point jusqu'à ce jour été suivie, mais encore que pas un des nombreux auteurs ayant traité cette matière ne lui a fait l'honneur même d'une allusion. Ceux-ci en effet proposent, tous, un système unique destiné à répon-

dre, bon gré mal gré, à tous les besoins de la pratique, quelles que soient les conditions dans lesquelles
se présente le contrat.

Cette unité de théorie est-elle donc législativement
indispensable ? Je ne le crois pas ; et mon opinion
est en ce sens basée sur ce qu'en l'absence de textes
législatifs, il est loisible de combiner, dans le but
de faire produire effet aux conventions licites, les
divers principes établis. Pourquoi dès lors dans les
deux hypothèses ci-dessus énoncées ne nous prévau-
drions-nous pas de cette faculté d'élaboration ? Car
s'il est incontestable que la police d'assurance est
toujours conçue dans les mêmes termes, il n'en est
pas moins vrai toutefois que les conditions et, pour
ainsi dire, les assises mêmes de la convention diffèrent profondément suivant la nature des deniers
fournis en prestations.

Qui donc taxerait cette méthode d'illogique en
présence du procédé employé par les auteurs pour
élaborer les systèmes qu'ils proposent ? Ne les voyons-
nous pas tous en effet non point (ainsi qu'ils le devraient pour suivre une marche logique) déduire
des conséquences de la nature juridique elle-même
du contrat d'assurances, mais bien commencer par
établir les résultats désirables pour imaginer ensuite
la théorie de droit la plus propre à atteindre ce but ?
Préoccupés des conséquences, ces auteurs n'ont point,
à mon sens, tenu un compte assez rigoureux de l'ori-

gine même du contrat. Cette origine n'étant point invariable, il n'est pas dès lors surprenant que nous soyons obligés d'employer des moyens différents pour parvenir aux mêmes solutions.

Que l'unité de théorie, dans un ordre d'idées analogues, satisfasse mieux l'esprit, je n'en disconviens pas. Mais qu'importe la beauté d'un monument, lorsque la solidité fait défaut. Or les nombreux systèmes exposés jusqu'à ce jour me semblent sacrifier la logique à l'esthétique. Aucun d'eux ne peut en effet, nous le verrons, résoudre toutes les objections que font naître les règles de la communauté : car chacun prétend s'appliquer à des cas qui, pour être identiques dans la forme extérieure, n'en sont pas moins profondément dissemblables par suite de la nature différente des biens en jeu.

Nous examinerons donc successivement l'assurance sur la vie entre époux en supposant :

1re Partie. Les primes payées à l'aide des deniers propres à l'époux signataire de la police ;

2e Partie. Ces mêmes primes soldées avec des deniers de communauté.

Chacune de ces parties se subdivisera elle-même en deux sections ayant trait la première à la nature et la seconde aux effets de l'opération ainsi intervenue entre les époux et la compagnie.

Ces courtes observations suffiront, j'espère, à démontrer qu'en prenant pour base de ma division la provenance des primes versées je n'ai point obéi au désir d'innover. Cette tentative eût été du reste par trop téméraire si je n'avais, après avoir consciencieusement étudié les divers systèmes proposés, constaté l'impossibilité absolue de soutenir logiquement l'un d'entre eux, dans toutes ses conséquences.

PREMIÈRE PARTIE

LES PRIMES DE L'ASSURANCE SONT PAYÉES AVEC DES DENIERS PROPRES A L'ÉPOUX SIGNATAIRE DE LA POLICE.

———

C'est là une hypothèse qu'on ne semble pas avoir voulu généralement envisager. La considère-t-on comme trop rare en pratique ? Il suffit, à mon avis, qu'elle soit susceptible de se produire pour qu'elle doive être prise en considération dans une étude générale des assurances entre époux.

Peut-être a-t-on plutôt pensé qu'il serait impossible à un époux de prouver que les primes ont été soldées à l'aide de biens propres ? Sans aucun doute, cette preuve rencontrera souvent des difficultés qui l'empêcheront d'être nettement établie, il est cependant certains cas où le conjoint pourra s'en prévaloir sans contestation possible. Des époux se marient, par exemple, sous le régime de communauté réduite aux acquêts ; l'un d'eux s'assure au profit de l'autre, paie une prime et meurt avant qu'aucune acquisition n'ait été réalisée par la communauté. La prestation fournie, dans l'espèce, à la compagnie n'ayant pas été prélevée sur l'avoir commun, puisque celui-ci

2

n'a jamais existé, doit donc nécessairement provenir du patrimoine personnel du signataire de la police. Nul doute ne saurait encore exister si nous supposons un conjoint stipulant d'un assureur qu'il soldera les primes avec des titres de rente, à lui propres, et dont les numéros sont énoncés dans son contrat de mariage. En effectuant ces versements annuels, cet époux pourra toujours en effet retirer des mains de la compagnie un reçu constatant qu'il a été remis en paiement le titre n° x, dont la nature sera facile à déterminer en consultant le contrat de mariage. Enfin la preuve du paiement des primes à l'aide de propres se trouvera encore invinciblement effectuée lorsque la compagnie s'engage, lors de la signature de la police, à recevoir en paiement, au lieu de primes annuelles, un immeuble, que nous supposerons propre au stipulant et dont ensuite elle tirera parti, comme bon lui semblera, pour compenser les primes équivalentes au capital assuré.

L'utilité de cette première partie ainsi démontrée, il nous faut rechercher, en nous plaçant dans le cas de primes prélevées sur le patrimoine propre du stipulant.

Section I. — Quelle est la nature de l'opération ainsi intervenue entre une compagnie d'assurances et un époux lorsque le bénéficiaire est l'autre conjoint.

Section II. — Quels sont les effets de cette convention à l'égard tant des époux que des tiers.

SECTION I

NATURE JURIDIQUE.

§ 1. — Le première question à résoudre est la suivante : par quel procédé juridique une personne peut-elle faire naître, pour le moment de sa mort et au profit d'un tiers quelconque, une créance contre son cocontractant, créance sur laquelle ni les héritiers, ni les ayants cause à titre particulier du stipulant ne pourront élever de prétentions, car tel est bien le but que se propose d'atteindre le signataire de la police.

§ 2. — Nous aurons en second lieu à rechercher quelles règles spéciales sont applicables à cette opération juridique par suite de la qualité d'époux qu'ont à l'égard l'un de l'autre l'assuré et le bénéficiaire.

§ 1. — Nature du contrat d'assurance, abstraction faite de la qualité des époux.

Vouloir attribuer tous les avantages d'une convention à un tiers étranger, alors qu'une des parties ne doit recevoir aucun équivalent des prestations four-

nies par elle à son cocontractant, semble être un projet de réalisation difficile si l'on en juge par le nombre de commentaires auxquels il a donné lieu.

Tout d'abord est-ce là un résultat reconnu possible par nos lois ? Le principe si général de la personnalité des contrats souffre-t-il une semblable dérogation ?

Le texte même où est énoncé ce principe, l'article 1165, nous laisse, dans sa partie finale, entrevoir
certaines dérogations autorisées. « Les conventions,
y est-il dit, n'ont d'effet qu'entre les parties contrac-
tantes, elles ne nuisent point au tiers, et elles ne
lui profitent que dans le cas prévu par l'article 1121 ».
Destinée précisément à procurer un avantage à autrui, l'assurance sur la vie rentre donc dans les termes de l'article 1165. Mais il reste à savoir si elle
satisfait aux conditions prescrites par l'article 1121,
d'après lequel « on peut stipuler au profit d'un tiers,
lorsque telle est la condition d'une stipulation que
l'on fait pour soi-même ou d'une donation que l'on
fait à un autre ». L'article 1121 ne s'applique qu'aux
actes contenant une double stipulation ou une donation. L'assurance-vie présente-t-elle ces caractères ?

Une interprétation stricte de l'article 1121 conduit, à mon avis, inévitablement à une solution
négative. D'une part, en effet, il ne saurait être question de donation faite à la compagnie : car, s'il y a
bien remise de numéraire sans compensation immé-

diate, l'*animus donandi* essentiel à toute donation fait complètement défaut. D'autre part, peut-on soutenir que l'assuré ait stipulé pour lui-même ?

Certains auteurs, mus par le légitime désir de répondre à des besoins pratiques considérables, ont essayé de soutenir cette opinion (1). L'assuré, d'après M. Boistel, stipulerait dans la police le capital assuré d'abord pour lui-même et accessoirement au profit du bénéficiaire appelé à jouer ainsi le rôle d'*adjectus solutionis gratia*, alors que le stipulant serait créancier principal. Le contrat d'assurance contiendrait donc de la part de la compagnie une obligation alternative quant à la désignation du créancier.

Cette manière de faire cadrer l'assurance sur la vie avec la stipulation me semble en contradiction trop formelle avec la réalité pratique pour être acceptable. N'est-ce pas en effet dénaturer l'opération que de déclarer le stipulant principal bénéficiaire tandis que le tiers désigné ne sera considéré que comme créancier *in facultate obligationis* ! Où se trouve la stipulation que l'assuré fait pour lui-même, lui qui soldera les primes sans jamais toucher une partie du capital ? Singulier créancier que celui qui, par la constitution même de sa prétendue créance, ne verra jamais de droit se réaliser à son profit ! Du reste nombre d'arrêts ont relaté chez le signataire

(1) M. Boistel, note sous Caen, 3 janvier 1888, D. 89, II, 129. — M. Claro, *De l'assurance sur la vie*, p. 76 et suiv.

de la police l'intention ferme de ne profiter de la
créance acquise qu'en cas de prédécès du bénéficiaire.
« Considérant, lisons-nous dans un arrêt de la Cour
de Besançon (1), qu'en stipulant qu'une somme serait payée lors de son décès à ses héritiers ou ayants
droits, ce dernier a eu en vue non pas les intérêts de
ses créanciers, mais celui de la veuve et de ses deux
enfants. Que cette somme *ne devant pas lui profiter
personnellement, il n'entendait pas en accroître son
patrimoine* et en faire un élément de sa succession ».
Même situation dans un arrêt rendu le 23 novembre
1880 par la Cour d'Agen (2). « Attendu que la stipulation que l'assuré a faite en faveur d'un tiers seulement *ne lui procure aucun droit, qu'il n'y a rien
stipulé pour soi et pour ses héritiers* ».

Conséquemment, en présence des termes dans lesquels se conclut le contrat d'assurance et de l'intention non équivoque qui anime le stipulant, il nous
est interdit de voir dans cette convention une stipulation pour autrui autorisée comme étant la condition d'une stipulation que l'on fait pour soi-même.

Toute idée de donation d'autre part écartée, de-
vons-nous déclarer que le contrat d'assurance n'est
pas une stipulation pour autrui permise comme ne
rentrant pas dans les termes de l'article 1121 ?

Cette solution s'imposerait, il est vrai, si nous nous

(1) Besançon, 23 juillet 1872, S. 72, II, 122.
(2) Dalloz, 1882, II, 221.

contentions d'expliquer servilement ce texte sans rechercher, indépendamment des mots qui la revêtent, l'idée que le législateur a voulu y exprimer. Mais les rédacteurs eux-mêmes du Code, dans le discours préliminaire sur le projet de la commission du gouvernement, ont pris soin de nous mettre en garde contre les interprétations littérales. « La science du jurisconsulte, disent-ils, est d'étudier l'esprit de la loi quand la lettre tue et de ne pas s'exposer à désobéir par servitude » (1). Or pour connaître l'esprit qui a présidé à la rédaction de l'article 1121, à défaut de tout renseignement dans les travaux préparatoires, n'est-ce pas à l'ancien droit qu'il faut nous reporter, à ces travaux qui, étant la source de nos lois, en constituent le meilleur commentaire? Eux seuls sont en effet capables de nous fournir des données exactes sur le caractère d'une institution, dont on a doté notre Code civil, sans réglementation bien précise.

Au premier abord étant donné l'article 1119, aux termes duquel « on ne peut en général s'engager ni stipuler en son propre nom que pour soi même » il semble difficile d'élargir suffisamment la sphère d'application de l'article 1121 pour que l'assurance sur la vie y soit comprise. Ce serait là, dit-on, violer le principe *Exceptio est strictissimi juris*. La seule

(1) Fenet, t. I, p. 476.

façon de respecter cette maxime consiste, dans notre espèce, à démontrer que l'article 1121, loin d'être une dérogation à l'article 1119, édicte lui-même un principe plus général que ne semblent, à première vue, le comporter les termes employés par le législateur.

Au lieu d'établir entre ces deux textes un lien de principe à exception, nous devons bien plutôt les considérer comme régissant deux institutions fort différentes, quoique connues dans notre ancien droit sous la même dénomination. La stipulation pour autrui comprenait alors en effet non seulement l'acte juridique que nous concevons actuellement sous ce nom, mais aussi la déclaration unilatérale de volonté, opération par laquelle un contractant s'obligeait à fournir une prestation à un tiers, avec cette circonstance particulière que l'autre partie contractante n'avait aucun intérêt à l'exécution de la promesse. Si Primus voulait, par exemple, faire une donation à un absent, Secundus, il priait un notaire de stipuler de lui l'objet de la donation en faveur de Secundus. Par ce contrat, Primus seul se trouvait engagé et même intéressé, puisque le notaire, qui dressait acte de la stipulation, n'avait aucun intérêt à sa réalisation. Aussi les fonctions de cet officier ministériel pouvaient-elles, dans la circonstance, être assimilées à celles du *servus publicus*, en droit romain. En réalité, cette opération n'était donc rien moins qu'un contrat : car le notaire y figurait plutôt en qualité de témoin que comme partie contractante. Pendant plusieurs siècles, jurisprudence et auteurs ne cessèrent de lutter contre ces déclarations unilatérales de volonté. Il résultait en effet de ces actes une dangereuse instabilité de la propriété, une continuelle incertitude dans la consistance du patrimoine du donateur. Jusqu'à l'acceptation du tiers bénéficiaire, on ne pouvait savoir quel serait le propriétaire définitif de l'objet du contrat. Nombre de biens se trouvaient ainsi immobilisés et mis, pour ainsi dire, hors du commerce. Aussi, voyons-nous l'article 133 de l'ordonnance du mois d'août 1539 condamner formellement cette pratique. « Et quant aux donations qui seraient faites en l'absence des dits donataires, *les notaires stipulant pour eux*, elles commenceront leurs effets au temps qu'elles auront été acceptées par les dits donataires et en la présence des dits donateurs et insinuées ; *autrement elles seront réputées nulles* ». Cette prohibition est renouvelée par l'édit de 1549 et d'une façon plus énergique encore par l'article 5 de l'ordonnance de 1731. « Défendons à tous notaires et tabellions d'accepter des donations comme stipulant pour les donataires absents *à peine de nullité des dites stipulations* ». Ces textes, notons-le bien, ne sont nullement applicables aux véritables stipulations pour autrui : ils visent uniquement les déclarations unila-

térales de volonté reçues par acte notarié et faussement qualifiées du nom de stipulations. Sur ce point,
les écrits des auteurs ne nous laissent aucun doute.
C'est ainsi que Charondas nous dit : « L'ordonnance
de 1539 veut précisément et étroitement que les donations soient acceptées par les donataires, autrement
qu'elles ne soient valables encore qu'elles aient été acceptées par les notaires : combien que telle acceptation
fut reçue du droit des Romains. Mais s'il advient
que la donation eut été faite à un enfant, ne pouvant
parler, n'entendre l'acte qui le fait, et lequel partant
n'a pu l'accepter doit-on la tenir pour nulle ? La rigueur de l'ordonnance qui est la loi de France, est
contre lui et l'équité le favorise aidée de l'intention
du donateur et de l'ordonnance même (1) ». La distinction entre les stipulations véritables et les simples déclarations unilatérales de volonté était donc
nettement formulée aussi bien en doctrine qu'en jurisprudence.

Que cette distinction de notre ancien droit soit
implicitement contenue dans certains textes de notre
Code civil, cela n'est pas douteux. Comment en
effet justifier les dispositions des articles 932 et 1119,
si ces articles n'ont pas précisément pour but de
prévenir le retour. des stipulations notariées, autrefois prohibées ?

_____

(1) Charondas, *Réponses du droit français*, liv. VI, rep. 88.

L'article 1119 ne met donc nullement obstacle à la naissance d'un droit au profit d'un tiers, lorsqu'entre les deux parties intervenues au contrat il existe un véritable lien juridique. Quand au contraire l'une d'elles intervient seulement pour enregistrer l'engagement de l'autre sans y avoir elle-même le moindre intérêt en jeu, il n'y a qu'un simulacre de convention, auquel l'article 1119 est applicable.

Toutes les fois que les deux contractants ont un intérêt quelconque à l'exécution du contrat, celui-ci est valable en vertu de l'article 1121. Si le législateur n'a pas exprimé cette règle dans les termes où nous l'émettons, cela tient sans doute à ce que, d'après lui, les mots « *stipuler* » et « *donner* », contenus dans l'article 1121, résumaient suffisamment *tous les intérêts sans exception* qu'un individu pouvait avoir à l'accomplissement d'une promesse reçue. Cette interprétation de ce texte s'impose, à mon avis, si nous voulons nous conformer à l'esprit qui l'anime.

Loin donc de contenir un principe et son exception, les articles 1119 et 1121 se trouvent, au contraire, avoir des champs d'application entièrement distincts, puisque les actes auxquels ils sont applicables n'ont de commun que le nom. La jurisprudence a reconnu du reste en maints arrêts la justesse de cette interprétation. Aussi a-t-elle déclaré qu'un intérêt purement moral de la part du stipulant pour autrui suffit à vivifier le droit de ce tiers. « Attendu que d'ailleurs le *profit moral* résultant des avantages faits aux personnes désignées suffit pour constituer un intérêt personnel dans le contrat (1) ».

Si maintenant nous nous reportons à l'assurance sur la vie, nous constatons qu'elle rentre bien dans les termes de l'article 1121, interprété à l'aide des précédents historiques : car il est incontestable que l'époux signataire de la police a toujours un intérêt au moins moral à la remise du capital assuré entre les mains de son conjoint. L'assurance-vie étant donc une véritable stipulation pour autrui, il nous faut désormais rechercher quelle est la nature exacte de cette dernière opération.

La stipulation pour autrui est-elle un acte unique conférant immédiatement un droit au tiers bénéficiaire, ou bien contient-elle deux opérations distinctes : acquisition du droit par le stipulant, et transmission immédiate de ce droit au bénéficiaire ? L'intérêt pratique de cette question est très considérable : car si nous adoptons, à l'instar de la jurisprudence, la seconde solution, nous sommes forcément amenés par la logique à déclarer que le bien, transmis au bénéficiaire, ayant fait un instant de raison partie du patrimoine de l'assuré, doit être affecté de toutes les charges grevant d'une manière générale ce patrimoine.

(1) Cass., 16 janvier 1888, D. 88, I, 77 ; Cass., 30 avril 1888, D. 88, I, 291.

Les textes étant muets sur ce point, c'est encore à l'histoire du droit qu'il nous faut recourir. Au reste cette sobriété dans les développements ne semblerait-elle pas impliquer, de la part des rédacteurs de l'article 1121, l'intention de se référer à la tradition ? Or au siècle dernier, le tiers bénéficiaire d'une stipulation pour autrui se trouvait, d'après des règles immémoriales, investi du droit créé à son profit par l'échange même du consentement des parties, sans qu'il soit besoin d'une double transmission. Cette solution était considérée par nos anciens auteurs comme à l'abri de toute objection. C'est ainsi qu'à son sujet le président Favre écrivait : « *Actio utilis sine cessione donatorio quæratur* (1) » ; et plus loin « *Ex pacto nasceretur actio et ex pacto inter alios inito* (2) ». Cette théorie de la stipulation trouvait alors surtout son application à propos des donations affectées de charges ou des substitutions ; le donateur représentait le stipulant et le premier donataire son cocontractant. Furgole, Ferrière et d'Aguesseau expriment encore cette même idée que le droit naît directement au profit du bénéficiaire du contrat principal et ne fait point l'objet d'un contrat accessoire et concomitant entre le stipulant et le tiers. Dans son *Traité des obligations*, Pothier n'est pas moins formel. « Par son acceptation, dit-il, le pre-

(1) *De erroribus pragmaticorum*. Decade 47, error 5.
(2) *Eod, op.*, decade 47, error 8.

mier donataire contracte envers le tiers, sans que ce tiers intervienne à l'acte ». Aucune incertitude ne saurait donc exister à cet égard.

Les rédacteurs du Code ont-ils voulu innover dans la circonstance ? Rien ne le fait présumer. Dans quel but au reste auraient-ils répudié les résultats incontestés de la tradition ? L'article 1165, le seul qui ait trait à la nature du droit du tiers, semble, au contraire, reproduire sans la modifier l'idée déjà exprimée par Pothier et ses devanciers.

Loin de partager cette opinion, nos tribunaux dédoublent la stipulation pour autrui, qui, à leur avis, renferme deux phases distinctes et successives. En matière d'assurance, par exemple, la créance contre l'assureur naîtrait tout d'abord au profit du stipulant qui dans une seconde opération concomitante ferait donation de ce droit au bénéficiaire désigné dans la police. Cette double transmission, opérée par un seul acte qui pourrait être de ce chef comparé à une œuvre théâtrale en deux tableaux, a été nettement analysée dans plusieurs arrêts. « Attendu, contient un dispositif émané de la Cour suprême, qu'en contractant avec la *Compagnie d'assurances générales*, P... a *acquis* d'abord pour lui-même puis *transmis à sa femme* à titre de donation, conformément aux articles 1121 et 1973, le droit au capital assuré (1) ».

(1) Cass., 2 mars 1881, Sir., 81, II, 145.

En somme, au dire de la jurisprudence, la stipulation pour autrui consiste dans une acquisition à titre onéreux suivie d'une simple pollicitation. Le stipulant demeure ainsi investi de son droit tant qu'une acceptation du tiers désigné n'a pas transformé son offre en donation véritable.

Le point de départ de ce système réside dans la partie finale de l'article 1121. « Celui qui a fait une stipulation ne peut plus la révoquer si le tiers a déclaré vouloir en profiter ». Comment, ajoute-t-on, le tiers peut-il avoir, antérieurement à son acceptation, acquis un droit puisque jusqu'à ce moment le stipulant a toujours la faculté de revenir sur son offre et d'anéantir ce prétendu droit ? L'acceptation est donc dans notre espèce aussi nécessaire qu'en matière de donation pour rendre parfaite au regard des parties la convention intervenue.

Mais semblable conclusion constitue-t-elle bien un corollaire nécessaire de l'article 1121 *in fine* ?

Je ne le crois pas : car le texte invoqué avait à mon sens pour but, dans la pensée de ses auteurs, non de rendre l'acceptation essentielle pour l'obtention du droit, mais bien de trancher la controverse de notre ancien droit sur la révocabilité des stipulations permises. Le droit créé par celles-ci pouvait-il ou non être révoqué par le stipulant ? Tel était le seul point à résoudre, l'existence même du droit n'étant mise en doute par aucun des partisans de la révoca-

bilité absolue. Dans son article 1121, le législateur
a édicté une solution intermédiaire : le bénéfice de la
stipulation sera, a-t-il dit, révocable jusqu'à l'acceptation du tiers en faveur duquel la convention a été
passée. Aucun des termes employés dans l'article 1121
n'en autorise une interprétation plus large. Bien
plus maints passages de nos jurisconsultes viennent
confirmer cette manière de penser. C'est ainsi que
Furgole, à propos des substitutions avec charges,
nous avertit que « ces sortes de substitutions sont
bonnes, même sans acceptation de la part du sub-
stitué ; ce qu'il faut néanmoins entendre de manière
qu'elles ne *soient irrévocables qu'après que le substi-
tué a accepté* (1) ». L'acceptation, exigée par l'article 1121, est donc bien purement confirmative d'un
droit réellement existant déjà au profit de l'acceptant. Du reste, cette situation est-elle à ce point
anormale qu'elle doive être rejetée comme inconci-
liable avec nos textes ?

La négative s'impose d'elle-même, si nous réflé-
chissons que dans notre droit il existe une autre acceptation produisant les mêmes effets. Un héritier
saisi, par exemple, ne crée point, en acceptant la
succession à lui échue, son droit aux biens du *de
cujus*, mais consolide simplement ce droit sur sa
tête. Il en est de même du bénéficiaire de la stipula-

(1) Furgole. *Questions concernant les substitutions.* Quest. 5,
n° 38.

tion pour autrui : car la notion de révocation accordée au stipulant n'est nullement incompatible de l'idée d'existence du droit. Notre Code ne concède-t-il pas en effet, dans un autre texte, un droit de révocation à l'encontre de personnes ayant des créances indéniables ! Nul ne saurait le nier en présence de l'article 1096, aux termes duquel l'époux donateur peut toujours révoquer une donation acceptée par son conjoint. Celui-ci est cependant bien nanti d'un droit existant. A plus forte raison, lorsque, comme dans notre espèce, le droit n'a pas été accepté, pouvons-nous admettre l'idée de révocabilité indépendante de celle d'existence du droit. C'est donc bien à la théorie traditionnelle que nous devons rattacher l'article 1121.

L'assurance sur la vie étant une stipulation pour autrui, le droit du bénéficiaire désigné dans la police naît directement du contrat intervenu entre assureur et assuré. La créance qu'il obtient ainsi se trouve de la sorte résider *ab initio* dans le patrimoine du bénéficiaire sans même traverser celui du stipulant.

Ainsi entendue, la théorie de stipulation pour autrui répond, en matière d'assurance-vie, bien mieux que celle de l'offre aux besoins de la pratique. Que désire en effet le signataire d'une police ? la concession à un tiers déterminé d'une créance sur laquelle personne autre que le bénéficiaire ne pourra élever

de prétentions. Ce résultat, tout naturel étant donnée notre conception de la stipulation pour autrui,
devient au contraire impossible si l'on admet une pollicitation de la part du stipulant. Alors en effet, les
rapports de stipulant à bénéficiaire représentent une
donation déguisée de la totalité du capital assuré.
Celui-ci étant par suite réputé provenir entièrement du patrimoine du stipulant, comment ne pas
lui appliquer les articles 843, 920 et 1098 du Code
civil ? De même par quel moyen soustraire cette
créance à l'action des créanciers, dont elle est devenue le gage en résidant, ne fût-ce qu'un instant de
raison, dans le patrimoine du stipulant ? Une demande de ces créanciers fondée sur l'article 564 du
Code de commerce peut-elle enfin être repoussée, si
l'on décompose en deux actes une stipulation pour
autrui ?

La jurisprudence, sur tous ces points, a cependant
donné des solutions conformes aux intentions des
stipulants, mais au prix de quelles contradictions
avec son point de départ ! N'en est-il pas du reste
ainsi lorsqu'elle admet la validité d'une acceptation
postérieure à la mort du pollicitant ? Quoi de plus illogique qu'une convention se formant après le décès
d'une des parties, c'est-à-dire à un moment où l'é-
change des consentements ne peut plus avoir lieu.
Avec notre théorie, rien n'est au contraire plus simple, puisque l'acceptation n'est que la prise de pos-

session d'un droit déjà acquis. Aucun contrat ne se
formant en vertu de cette adhésion, l'existence de
celui qui veut posséder doit être par suite suffisante.

Cette conciliation d'intérêts en apparence opposés
constitue précisément la grande supériorité de l'assurance envisagée comme stipulation pour autrui
sur divers systèmes élaborés dans le but de lui attribuer une autre nature juridique en l'assimilant soit
à une gestion d'affaires, soit à une acquisition d'action destinée à provoquer un contrat.

Si nous en croyons, en effet, M. Labbé (1), le
signataire d'une police d'assurance n'est que le gérant d'affaires du bénéficiaire qu'il désigne. Celui-ci
traite, pour ainsi dire, par représentant avec l'assureur. Le prétendu stipulant passe un contrat non
seulement en faveur d'autrui, mais même au nom
d'autrui. Le bénéficiaire peut en conséquence ratifier l'opération faite à son profit dès qu'il en a connaissance. Et sitôt son acceptation intervenue, il est
censé avoir directement contracté avec la compagnie.
L'assuré disparait, et reste seul en scène le tiers dans
le patrimoine duquel la créance aura toujours résidé.
Les prérogatives du bénéficiaire se trouvent par le
fait même garanties ; il aura le droit d'accepter l'opération après le décès du stipulant et le capital lui
arrivera libre de toutes charges puisqu'il n'est jamais
entré dans un autre patrimoine.

(1) Note Sirey, 1877, I, 393. *Sic* : thèses Mornand et Thaudière.

Nous ne pouvons cependant pas admettre une doctrine qui a le grave défaut de supposer ainsi gratuitement aux parties des intentions qu'elles n'ont nullement manifestées. Comment en effet présumer dans le silence des contractants que l'assuré a entendu agir à titre de gérant d'affaires? De plus, une semblable analyse conduirait à déclarer le bénéficiaire toujours redevable des primes au signataire de la police, conséquence insoutenable. Enfin, dit M. Thaller (1), « la gestion d'affaires confère immédiatement au géré absent un droit ferme, irrévocable de ratifier la convention, quand il en aura connaissance. Le gérant était libre de ne pas traiter : l'ayant fait il ne peut se rétracter, retirer au tiers le bénéfice de l'opération contractée pour lui, ce qui, dans l'espèce, revient à dire que l'assuré, la police une fois signée, demeure sans pouvoir à l'effet de priver le tiers de son expectative, de transformer cette police pour autrui en une police pour lui-même, d'annuler les effets du contrat en cessant le service des primes ». Or nous savons que la jurisprudence tend précisément en pratique à donner de plus en plus à l'assuré le droit de modifier à son gré la police qu'il a souscrite, à convertir l'assurance au profit d'un tiers en assurance à son ordre, à racheter son contrat.

Frappé du résultat si contraire à l'intention des

(1) Note Dalloz, 1888, II, 1.

parties auquel aboutit la théorie de la gestion d'affaires, M. Thaller recherche, à son tour, dans la note précitée, un système garantissant d'une façon efficace tous les droits de l'assuré. Le but ainsi poursuivi fut bien atteint, mais au détriment des droits respectables du bénéficiaire. D'après cet auteur, en effet, grâce au contrat d'assurance, le stipulant acquiert contre la compagnie une action, par laquelle, à son décès, l'assureur se trouvera obligé d'offrir au bénéficiaire désigné le montant du capital assuré. Ce n'est qu'à l'acceptation de cette offre, c'est-à-dire en vertu d'un nouvel échange de volontés, qu'un droit naîtra au profit du bénéficiaire. La créance contre la compagnie ne prenant ainsi naissance qu'après la mort de l'assuré, le droit exclusif de propriété du bénéficiaire se trouve fort bien établi. Cette créance n'aura jamais en effet pu faire ainsi partie du gage des créanciers du stipulant. Mais (et c'est là une objection devant laquelle ce système succombe) par quel moyen le bénéficiaire de la police pourra-t-il contraindre la compagnie à lui faire une offre ? L'action acquise des deniers propres de l'époux stipulant va en effet tomber dans le patrimoine propre de celui-ci et devenir à sa mort la propriété de ses héritiers, que rien n'oblige à mettre cette action en mouvement. Le conjoint bénéficiaire est donc dénué de tout moyen de coercition à l'égard de la compagnie, et se trouve, par suite, dans l'impossibilité de faire naître de droit à son profit. La compagnie, au dire de M. Thaller, agira de bonne grâce : car elle y a un intérêt moral. Au point de vue juridique, cet intérêt moral ne constitue pas un argument appréciable : c'est là une circonstance de fait qui ne peut sauver une théorie. Du reste il est facile d'imaginer telle hypothèse où l'intérêt pécuniaire de la compagnie sera tellement grand qu'elle dédaignera l'intérêt moral. Enfin puisque nous sommes dans le domaine des faits, cette théorie ne donnerait-elle pas souvent naissance à des collusions entre les héritiers de l'assuré et l'assureur, collusions aboutissant à un non paiement du capital assuré au bénéficiaire. Les droits de ce dernier ne semblent donc pas suffisamment établis en fait pour que nous puissions admettre ce système.

En somme, M. Thaller, comme M. Labbé mais dans un sens opposé, a sanctionné trop énergiquement certaines prérogatives de l'un des contractants, puisque cette sanction s'exerce au préjudice de l'autre partie. Nous pouvons donc sans crainte conclure qu'en principe la stipulation pour autrui est bien l'unique conception cadrant absolument avec l'assurance sur la vie puisque seule elle concilie des droits qui, dans les autres systèmes, semblent contradictoires.

§ 2. — Règles spéciales applicables par suite du lien matrimonial existant entre assuré et bénéficiaire.

L'assurance sur la vie, étant une stipulation pour autrui, doit donc être considérée comme contrat à titre onéreux à l'égard de la compagnie et comme donation indirecte (1) entre les époux.

Contrat à titre onéreux et donation sont là deux opérations que chaque époux peut sans conteste exécuter avec ses biens personnels. Alors en effet que les deniers communs ne doivent jamais contribuer à l'enrichissement d'un des conjoints aux dépens de la communauté, le patrimoine propre de chaque époux demeure au contraire sous l'empire du droit commun et peut être employé dans tel but qu'il plaît à son propriétaire.

Remarquons toutefois que si les deux époux peuvent signer une police d'assurance, celle-ci impliquant, nous le savons, un acte d'aliénation, l'article 217 du Code civil s'oppose à ce que la femme contracte cette assurance sans l'autorisation préalable de son mari. Si cependant cette prohibition

---

(1) L'assurance sur la vie n'est, à raison de sa nature toute spéciale, ni une donation à proprement parler déguisée sous un contrat à titre onéreux, ni une donation indirecte au sens strict du mot. Toutefois au cours de cette étude, nous lui appliquerons cette dernière dénomination pour la distinguer des donations directes et non déguisées.

du législateur était violée, nous nous trouverions en face d'un acte simplement annulable. Cette nullité pourrait être invoquée, durant le mariage, par les deux époux et, une fois le mariage dissous, par la femme ou ses héritiers pendant une période de dix ans (art. 1304). En cas de non demande en nullité, le mari devient normalement créancier de la compagnie (1). Par contre la constatation de cette nullité par les tribunaux obligera l'assureur à restituer les primes versées. Celui-ci est donc toujours dans une situation moins favorable que les deux autres parties, l'article 1125 du Code civil lui déniant le droit de refuser le paiement du montant du capital assuré, sous prétexte que le contrat est nul. Aussi, en pratique, les compagnies, pour éviter d'être de la sorte à la merci de leurs assurés, n'acceptent-elles une police signée par une femme mariée qu'avec la mention: bon pour autorisation, et la signature du mari.

Est-ce à dire qu'une autorisation spéciale soit nécessaire? Évidemment non, bien qu'on puisse invoquer en sens contraire les décisions du tribunal et de la Cour de Poitiers (2) qui admirent successivement le droit pour les héritiers de la dame Bonamy de comprendre dans la liquidation de la communauté le capital assuré par celle-ci au profit de son mari en

(1) Paris, 26 novembre 1878, S. 79. II, 44.
(2) Poitiers, 8 novembre 1874, D. 76, II, 181.

vertu d'une simple autorisation générale de contracter. Saisie de la question, la Cour de cassation (1) rejeta, à son tour, le pourvoi, la déclaration de fait émanée de la Cour d'appel lui ayant paru souveraine. Mais ce n'est là, disons-le, qu'une décision d'espèce fondée sur ce que l'intention chez la femme Bonamy d'attribuer en toute propriété au mari la créance contre la compagnie n'était pas constante. De ces arrêts, nous pouvons donc conclure non qu'une autorisation spéciale est nécessaire, mais qu'un souscripteur, désignant un bénéficiaire, ne doit laisser aucun doute sur sa volonté de lui attribuer le bénéfice exclusif du contrat.

Notons enfin ce qu'a de singulier en matière d'assurance entre époux, l'autorisation maritale, puisque dans ce cas, cette autorisation est précisément donnée par celui qui doit profiter de l'acte pour lequel son assentiment est requis.

Sous cette réserve de l'autorisation maritale, les époux sont sur le même pied pour contracter une assurance sur la vie l'un au profit de l'autre. Si au cours de cette étude nous nous plaçons plus souvent dans l'hypothèse d'une assurance stipulée par le mari en faveur de sa femme, on ne peut l'attribuer qu'à cette tendance de l'esprit à prendre toujours pour exemple les faits les plus fréquents en pratique.

(1) Cass. civ., rejet, 15 février 1877, D. 77, I, 342.

L'assurance sur la vie constituant, avons-nous dit, une donation indirecte entre époux, il semble inutile de rechercher si l'article 1096 du Code civil lui est applicable. L'assuré ne pourra-t-il pas toujours en effet arriver, s'il le désire, à une révocation soit par la substitution dans la police d'un autre bénéficiaire, si son conjoint n'a point encore accepté l'avantage qui lui était fait, soit par un non versement des primes. Cependant il est telle hypothèse où cette question peut avoir un intérêt pratique assez grand : l'assuré pour ne pas perdre le bénéfice de très nombreuses primes soldées peut-il, par exemple, sans cesser le paiement des primes pour contracter ensuite une autre assurance, désigner un nouveau bénéficiaire au contrat à la place de son conjoint, et cela alors même que ce conjoint a formellement accepté le bénéfice de l'assurance ?

Les règles de fonds des donations proprement dites s'appliquant toujours aux libéralités indirectes, il nous semble difficile de refuser au conjoint le droit de révocation en matière d'assurance : car pour être d'une nature particulière il n'en existe pas moins une donation véritable. Cette solution est adoptée non seulement par les auteurs (1), mais aussi par la jurisprudence (2). « Attendu, dit un arrêt de la Cour

(1) Herbault, *op. cit.*, p. 221. — Couturier, *op. cit.*, p. 177. — *Contrà* : Planiol, note sous Cass., D. 93, I, 401.

(2) Trib. Rouen, 30 août 1867, *Journ. Ass.*, 67, p. 438. — Morlaix, 20 fév. 1890, *Journ. Ass.*, 90, p. 224.

de Rouen (1), que cette assurance contractée par H...
au profit de sa femme constituait une libéralité entre
époux pendant le mariage, que H... conservait par
suite toujours le droit de la révoquer ».

La Cour de cassation a fait ces dernières années
une application si curieuse de l'idée de révocabilité
absolue d'une assurance entre époux que je ne saurais la passer sous silence. Par un arrêt du 22 février
1893 (2) la Cour suprême décidait en effet que l'article 1096 du Code civil était applicable même au cas
d'une assurance contractée par un mari commun en
biens au profit de sa femme dans le but de procurer
à celle-ci le remboursement de sommes versées par
elle pour obligations contractées dans l'intérêt de la
communauté. Cassant la décision contraire des juges
du fait (3) qui considéraient cette opération comme
un acte à titre onéreux, la Cour suprême a prétendu
qu'il ne pouvait pas être question, lors de la signature
de la police, de récompenses au profit de la femme,
ces récompenses n'étant jamais exigibles qu'à la dissolution de la communauté.

Enfin l'assurance entre conjoints tombe sans aucun
doute sous le coup de l'article 299 du Code civil remis
en vigueur par la loi du 27 juillet 1884, aux termes

(1) Rouen, 21 mars 1893, *Journ. Ass.*, 94, p. 22.
(2) Sirey, 94, I, 65.
(3) Trib. de Bourges, 17 juillet 1890, confirmé par la Cour de
Bourges le 3 juin 1891, D. 93, I, 403.

duquel « l'époux contre qui le divorce sera prononcé perdra tous les avantages que l'autre époux lui aurait faits soit par contrat de mariage, soit depuis le mariage ». Cette nullité du contrat d'assurance à l'égard du conjoint bénéficiaire n'aura même pas besoin d'être prononcée par les tribunaux, elle résultera *de plano* du jugement de divorce. D'autre part les effets de la séparation de corps étant identiques à ceux du divorce, la même solution s'impose relativement à notre question. Mais la femme soit divorcée, soit séparée de corps pourrait très bien, au seul point de vue doctrinal, contracter une assurance au profit de son ancien conjoint. Aucune autorisation ne lui serait alors nécessaire.

Trois points différencient donc seulement l'assurance entre époux dont les primes sont prélevées sur les biens propres du signataire de la police de l'assurance contractée entre étrangers : autorisation maritale, droit de révocation absolue de l'assuré et annulation des avantages du contrat au regard du bénéficiaire, lorsque le divorce ou la séparation de corps a été prononcé contre lui.

SECTION II

La nature juridique du contrat d'assurance entre époux, dont les primes sont payées avec des deniers propres, nous étant connue, il nous faut déterminer les effets de cette opération à l'égard non seulement du bénéficiaire mais aussi des tiers ayants cause du stipulant. Ceux-ci ne sont pas en effet sans avoir quelques droits sur les biens sortis du patrimoine du *de cujus*. Tandis que les héritiers peuvent invoquer les règles du rapport et de la réduction, les créanciers ont de leur côté un droit de gage général sur le patrimoine de leur débiteur. Or si le capital assuré n'est pas effectivement sorti du patrimoine du *de cujus*, il n'en a pas moins été produit à l'aide de biens en provenant.

§ 1. — Effets produits à l'égard du bénéficiaire.

Les rapports entre époux dans l'assurance-vie s'analysant, avons-nous vu, par une sorte de donation indirecte, la question qui se pose consiste dans une détermination de la nature de l'objet de cette

donation. Le capital assuré demeurera-t-il, autrement dit, propre à l'époux bénéficiaire ; ou bien au
contraire tombera-t-il en communauté, en vertu de
l'article 1401, aux termes duquel est commun aux
époux tout objet d'une donation mobilière faite à l'un
d'eux, ce qui est précisément le cas.

L'intérêt de la solution à intervenir est de la plus
haute importance en cas d'assurance contractée par
un mari au profit de sa femme. Le capital assuré est-
il en effet réputé bien propre : la femme a dès lors,
même si elle renonce à la communauté, le droit de
le toucher intégralement et cela à l'exclusion des
créanciers du mari et de la communauté. Obtenir
un semblable résultat a, sans contredit, été l'intention du signataire de la police ; aussi tous les systèmes cherchent-ils à sanctionner ce désir.

La jurisprudence, pour ce faire, invoque l'article 1401 *in fine*. La créance assurée, dit-elle, devrait
en sa qualité d'objet d'une donation mobilière tomber dans la communauté. Toutefois cette règle souf-
fre une exception lorsque le donateur exprime que
sa libéralité constituera un propre. Or cette disposition particulière est applicable aussi bien à l'époux
donateur qu'au tiers. Un arrêt de la Cour de Paris (1) formule nettement cette théorie : « Attendu,
y est-il dit, que, *d'après l'article* 1401, les valeurs

(1) Paris, 19 mai 1890, *Recueil périodique des assurances*, 1891,
p. 400.

mobilières échues pendant le mariage ne tombent dans la communauté qu'autant que le donateur n'a pas exprimé de volonté contraire, que la stipulation faite par D... au profit de sa femme constitue une donation de forme spéciale et qu'il résulte pour la Cour de toutes les circonstances de la cause que le bénéfice ou l'avantage de cette donation ne devait jamais, d'après la volonté certaine quoique non exprimée du donateur, tomber dans la communauté... déclare le capital assuré propre à la femme D.... ».

Ce motif prenant pour base l'article 1401 est, à mon sens, absolument anti-juridique. Les rapports des époux entre eux étant en effet irrévocablement régis par leur contrat de mariage, il ne saurait être question de les soumettre à l'article 1401, qui n'est dès lors applicable qu'aux rapports des tiers et des conjoints. Ce texte ne peut donc pas être invoqué pour déclarer le capital assuré propre à l'époux bénéficiaire.

Mais cette solution n'en doit pas moins être admise en vertu d'un autre principe fondamental en matière de détermination de la nature des biens appartenant à des époux. L'article 1395, qui édicte l'immutabilité des conventions matrimoniales, décide en effet par voie de conséquence, de l'avis de tous les auteurs, que jamais un bien propre ne peut entrer dans le patrimoine commun, de même que, sauf exception spécialement insérée dans les textes, dans

aucun cas, une parcelle de la caisse commune ne devra devenir propre à l'un des conjoints. Dans ces
conditions, le sort du bien donné me semble facile à
déterminer. Il suffit de considérer quelle était sa nature avant la donation. Dans notre espèce, par exemple, l'objet de la donation étant propre au mari et ne
pouvant jamais, d'après l'article 1395, devenir bien
commun sera forcément à la suite de la donation
propre à sa femme. Rien n'est plus logique que cette
solution. Si du reste nous poursuivons l'analyse de
cette opération, nous trouvons que toute autre opinion viole manifestement l'article 1395 du Code ci-
cil. Supposons en effet que le capital assuré tombe
dans l'actif commun à la suite de la donation qui en
est faite à la femme. Si nous imaginons maintenant
que le mari révoque, comme il en a le droit, sa donation : le bien donné redeviendra alors son propre.
Ainsi cette créance ira successivement, selon le bon
plaisir du donateur, d'un patrimoine propre dans la
caisse commune et vice versa, cela autant de fois
qu'il plaira à l'un des conjoints. Or rien n'est plus
contraire à l'esprit de l'article 1395 du Code civil
que ce changement de nature d'un bien à l'égard
duquel il a été établi par le contrat de mariage des
règles fixes et immuables. Le capital assuré étant
produit par des biens propres au mari doit par suite
toujours être lui-même propre à l'un ou l'autre époux.
La désignation de la femme comme bénéficiaire dans

la police d'assurance équivalant à son endroit à une donation, c'est donc de son patrimoine propre que fera partie ce capital.

§ 2. — Effets produits à l'égard des tiers.

Les règles de fonds des donations étant applicables aux donations indirectes, il nous faut rechercher dans quelle mesure l'acte à titre gratuit, intervenu entre les deux époux dans le contrat d'assurance, doit être soumis aux prescriptions édictées par le législateur pour sauvegarder les intérêts des héritiers et des créanciers de tout donateur.

La difficulté provient ici de la nature toute spéciale de la libéralité en jeu. La valeur donnée n'y correspond presque jamais à la valeur reçue. L'objet de la donation ne passe point directement d'un patrimoine dans un autre, il traverse une caisse intermédiaire où il prend part à des risques de perte et à des chances de gain.

Cette anomalie ne saurait cependant nous conduire ainsi que certains auteurs l'ont pensé (1), à écarter l'idée de libéralité : car l'aliénation des primes par le stipulant constitue toujours, à mon avis, un acte à titre gratuit à l'égard du bénéficiaire. Mais ces primes, a-t-on objecté, sont le prix du contrat à titre

(1) Herbault, *Traité des assurances sur la vie*, p. 239.

onéreux intervenu entre le stipulant et l'assureur et par suite demeurent tout à fait en dehors de la donation qui accompagne ce contrat. Sans aucun doute, répondrons-nous, l'encaissement des primes par l'assureur est un fait complètement étranger au bénéficiaire. Il est cependant non moins certain que ce déboursé d'annuités par le signataire de la police est fait dans l'intérêt du bénéficiaire et sans compensation de la part de celui-ci, et qu'à ce titre il doit être tenu pour une donation véritable renfermée dans un acte à titre onéreux.

Cette analyse de la donation contenue dans le contrat d'assurance cadre très exactement avec notre théorie sur l'article 1121, théorie d'après laquelle le signataire de la police n'a jamais pu faire donation du capital assuré, celui-ci étant directement entré dès sa formation dans le patrimoine du tiers désigné. La donation ne peut donc pas être réputée, d'après nous, supérieure au montant des primes payées. Si par suite, à la mort de l'époux signataire de la police, on recherche dans quelle proportion les règles relatives au rapport, à la réduction et à la faillite peuvent être appliquées à cette libéralité, nous sommes logiquement amenés à en restreindre la portée aux seules prestations fournies à l'assureur (1).

(1) Dans l'hypothèse que nous envisageons (paiement des primes sur des biens propres de l'époux stipulant), il ne saurait y avoir lieu à récompenses ou reprises, celles-ci ne s'exerçant jamais que

Cette solution ne pouvait être admise par la jurisprudence aux yeux de laquelle la stipulation pour
autrui se dédouble en une acquisition et une donation.
Dans ce système, l'objet transmis à titre gratuit ne
peut être que la créance contre la compagnie, créance
acquise tout d'abord par le stipulant. Au point de
vue purement logique, nous ne saurions donc criti-
quer les décisions faisant porter les règles du rapport
et de la réduction non sur les primes versées, mais
sur le capital assuré lui-même (1). Cependant ce résultat, si conforme à la théorie adoptée par nos tribunaux sur l'article 1121, a sans doute paru par
trop contrarier les intentions formelles des parties,
puisqu'à l'heure actuelle la jurisprudence, fort divi-
sée sur la question, tendait plutôt à adopter une solution inverse de celle qu'elle avait admise jusqu'en
1888. C'est ainsi qu'au lendemain même de l'arrêt de
cassation du 8 février 1888, la Cour de Nancy (2)
déclarait la réduction ne devoir s'appliquer qu'aux
seules primes. La Cour de Bourges (3) la suivit dans

dans les rapports d'époux à communauté. Retirer de ce chef une
somme quelconque à l'époux donataire serait violer manifestement
la règle « donner et retenir ne vaut ».

(1) Besançon, 15 décembre 1879, S. 70, II, 201. — Montpellier,
15 décembre 1873, S. 74, I, 81. — Cass., 10 décembre 1874, S. 75,
I, 107. — Paris, 24 novembre 1878, D. 79, II, 152. — Cass., 9 mai
1880, S. 81, I, 357. — Douai, 14 février 1887, S. 88, II, 49. — Cass.,
8 février 1888, S. 88, I, 121. — Aix, 20 mars 1888, S. 89, II, 17. —
Paris, 16 novembre 1888, S. 90, II, 131.

(2) Nancy, 18 février 1888, D. 89, II, 198.

(3) Bourges, 7 mai 1889, S. 89, II, 17.

cette voie. Et cette résistance fut encore accentuée par un arrêt de la Cour de Paris (1) du 30 avril 1891 dont un des motifs semblerait faire croire à un abandon de la théorie primitive en faveur de notre système sur l'article 1121. « Considérant, dit ce dernier arrêt, que la stipulation faite au profit d'un tiers a pour effet de saisir immédiatement ce dernier. Que l'avantage ainsi créé par le mari au profit de sa femme n'ayant jamais fait partie de son patrimoine ne saurait revenir à ses héritiers et qu'il ne saurait y avoir lieu à l'application à ce capital de l'article 922 ». L'accord sur cette question ne saurait cependant pas être considéré comme définitif après l'arrêt récent de la Cour d'Agen, qui nous dit : « Attendu que la stipulation faite avec une compagnie d'assurance dans les termes de l'article 1121 du Code civil constitue une véritable libéralité, que ce qui constitue *la libéralité c'est le montant de l'assurance et non les primes payées*. Attendu qu'il est donc juste d'appliquer les règles générales concernant le rapport en lui faisant rapporter non les primes, mais le capital de l'assurance (2) ».

Les partisans de cette dernière théorie arguent aussi des termes mêmes de l'article 843 : « Tout héritier *doit rapporter tout ce qu'il a reçu* par donation entre vifs directement ou indirectement ». Devons-

(1) Paris, 30 avril 1891, S. 91, II, 189.
(2) Agen, 25 mai 1894, *Journ. Assur.*, 1895, p. 22.

nous attacher à ces mots toute la valeur qu'ils semblent comporter. Je ne le crois pas : car à l'époque de
la confection du Code, les assurances sur la vie n'existant pas, dans une donation la valeur dont se dé-
pouillait le donateur correspondait toujours à sa
valeur reçue par le donataire. Les expressions « tout
ce qui a été reçu » et « tout ce qui a été donné »
étaient donc synonymes. Le but seul du rapport peut
dans ces conditions nous édifier sur l'intention du
législateur. Or cette opération a, nous le savons, in-
contestablement pour objet : la reconstitution du patrimoine du *de cujus* dans l'état où il serait si aucune
libéralité n'avait eu lieu en faveur d'un copartageant.
Le patrimoine comprendrait-il le capital assuré ou
bien seulement les primes fournies à la compagnie ?
La solution n'est pas douteuse, puisque le capital n'a
jamais fait partie des biens de l'assuré tandis que
les primes en ont été distraites. Je n'hésite donc pas
à conclure que le rapport se réduit aux primes payées
et qu'il ne peut ni en excéder le montant ni lui être
inférieur (1).

Notons en outre l'importance acquise par cette
question depuis la loi du 9 mars 1891 d'après laquelle
le conjoint survivant est toujours, quoique dans une
mesure variable, un successible de l'autre. Bien
qu'en effet l'article 843 impose le rapport aux seuls

(1) En ce sens : Couteau, *op. cit.*, II, 533. — Rome, *op. cit.*,
§ 342.

héritiers, il faut comprendre sous ce terme tous les successeurs *ab intestat.*.

Enfin il est à peine besoin de remarquer que toutes les règles ordinaires du rapport sont dans notre espèce applicables aux primes. Le conjoint survivant peut, par exemple, bénéficier d'une dispense expressément faite (art. 919, 2e alinéa) soit dans l'acte qui contiendra la disposition (la police), soit postérieurement dans la forme des donations entre vifs ou testamentaires. C'est encore ainsi qu'aux termes de l'article 869, le rapport devra s'exécuter soit en moins prenant, soit en abandonnant jusqu'à due concurrence des meubles ou des immeubles de la succession.

Une question identique à celle du rapport se pose au cas où la portion des biens à laquelle ont toujours droit les héritiers réservataires se trouve entamée. Y a-t-il lieu à réduction de la libéralité faite au conjoint par voie d'assurance ? Les motifs qui ont déterminé le législateur à établir une réserve conservent, à mon sens, toute leur force, dans notre espèce. L'article 1973 fournit à ce sujet un argument irréfutable. L'analogie entre l'assurance-vie et la rente viagère est telle que les règles déclarées par la loi applicables à celle-ci le sont par le fait même à l'assurance. Les articles 1094 et 1098 doivent seulement dans notre cas, être pris en considération pour déterminer la quotité au delà de laquelle une réduction est permise. Mais quel doit être l'objet de cette réduction : le capital assuré ou les primes soldées ? Nous connaissons sur ce point la théorie hésitante de la jurisprudence. Pour nous, il ne saurait y avoir le moindre doute. Les primes seules sont sorties du patrimoine du *de cujus* ; elles seules doivent donc y faire retour. Du reste l'article 922 ne dit-il pas formellement qu'aux biens déjà existants « on réunit fictivement *ceux dont il a été disposé* ». Or le défunt n'a jamais pu disposer du capital, dont la créance ne lui a jamais été attribuée. Cet article 922 semble si probant à certains auteurs qu'après avoir déclaré le capital assuré soumis au rapport, ils appliquent seulement aux primes les règles de la réduction. Ils basent cette décision sur l'article 922 (1). A mon avis, les deux solutions sont intimement liées puisque les deux institutions, rapport et réduction, ont pour objectif une reconstitution intégrale du patrimoine. La réduction, dans notre espèce, comporte ceci de particulier que chaque prime versée doit être considérée comme une libéralité indépendante et ayant sa date particulière. Par application de l'article 923, nous réduirons en conséquence avant l'avant-dernière prime toutes les donations étrangères au contrat faites pendant l'année qui suit le payement de cette prime et ainsi de toutes.

(1) Claro, *De l'ass. sur la vie*, p. 277.

Il nous reste enfin une dernière question à envisager relativement aux droits des créanciers du mari sur cette donation indirecte.

En ce qui concerne les non commerçants la solution est des plus simples puisque l'article 1167 est seul en jeu et qu'il comporte le seul examen de l'intention du stipulant. Celui-ci est-il de bonne foi, le bénéficiaire conserve irrévocablement la totalité du capital assuré ; par contre si la mauvaise foi du conjoint donateur est prouvée, les créanciers peuvent user de l'action paulienne.

Autrement importante est cette matière lorsqu'il s'agit d'un époux commerçant. N'est-ce pas en effet dans le commerce que les assurances tendent à prendre le plus d'extension ; mais n'est-ce pas aussi dans le commerce que les revers de fortune et les catastrophes financières sont les plus fréquentes et le plus à redouter ? — Supposons donc que l'époux signataire soit tombé en faillite et meure avant la fin de la liquidation. Dans ce cas, à mon avis, le syndic sera, en vertu de l'article 564 du Code de commerce, fondé à réclamer à la femme bénéficiaire de l'assurance le montant des primes soldées, mais non le capital assuré. Solution toute naturelle étant donnée notre théorie générale. Le mari n'a jamais pu subir en effet un appauvrissement plus considérable puisque son patrimoine n'a à aucun moment contenu de valeur autre que ces prestations fournies à l'assureur. Ce résultat est, par contre, absolument irréalisable si, comme la jurisprudence, on décompose l'assurance-vie en un contrat synallagmatique et à titre onéreux entre assureur et assuré et en une libéralité d'assuré à bénéficiaire. Par suite, nos tribunaux pour être logiques, et suivre jusqu'au bout la voie dans laquelle ils se sont engagés, doivent nécessairement appliquer au capital assuré lui-même toutes les règles de fonds des donations, c'est-à-dire, sans aucune hésitation, l'article 564 du Code de commerce. Aux termes de cette disposition, en effet : « La femme dont le mari était commerçant à l'époque de la célébration du mariage ou dont le mari n'ayant pas alors d'autre profession déterminée sera devenu commerçant dans l'année qui suivra cette célébration ne pourra exercer dans la faillite aucune action à raison des avantages portés au contrat de mariage et dans ce cas les créanciers ne pourront de leur côté se prévaloir des avantages faits par la femme au mari dans ce même contrat ». Bien que ce texte ne parle que des donations faites par contrat de mariage, tous les auteurs (1) s'accordent à étendre sa sanction, par un argument *a fortiori*, aux libéralités intervenues postérieurement à la célébration du mariage. Or, phénomène des plus curieux, la jurispru-

---

(1). Bédarride, *Faillites et banqueroutes*, t. 3, n° 1044. — Rapport du conseiller Demangeat sur Requête, 2 mars 1881, Dalloz, 81, I, 104.

dence que sa doctrine et ses solutions en matière de
rapport et de réduction semblaient conduire à admettre les prétentions du syndic relativement au
droit de la masse sur le capital assuré, la jurisprudence les a précisément repoussées, dans ses dernières décisions tout au moins. Les opinions par elle
émises sur cette question, loin d'avoir toujours été
identiques, comportent en effet trois phases bien distinctes ; dans la première période, s'étendant de 1870
à 1879, les tribunaux s'attachant à l'intention de
l'assuré déclarent le syndic non fondé à réclamer le
bénéfice de la police (1). Un arrêt de la Cour de Paris du 1ᵉʳ août 1879 (2), maintenu en cassation le
2 mars 1881 (3), inaugura une nouvelle manière de
voir. D'après cette seconde jurisprudence, la femme
du failli ne pouvait faire valoir aucun droit au capital
assuré que, durant plusieurs années, les créanciers
de la faillite se virent ainsi attribuer par de nombreuses Cours d'appel et tribunaux (4). Le monde des
assurances fit alors entendre de telles réclamations
que la magistrature s'en montra émue et revint à
sa première solution. Ce fut la Cour de Montpellier

(1) Paris, 7 mars 1870, *Dict. ass. terr.*, p. 658 ; Caen, 14 mars
1876, D. 77, II, 131 ; Paris, 11 juin 1878, D. 79, II, 225. — Cass.,
10 novembre 1879, D. 80, I, 75.
(2) S. 80, II, 249.
(3) D. 81, I, 404.
(4) Sic : Caen, 6 décembre 1881, S. 81, II, 33 ; Trib. de Troyes,
27 septembre 1882; Trib. de Macon, 24 janvier 1883; Trib. de Lyon,
16 mars 1885, Alger, 9 juin 1885,S. 86. II. 19.

qui ouvrit cette troisième période le 15 mars 1886,
elle fut suivie dans cette voie par la Cour de Besançon (1). La Cour de cassation vint en 1888 donner
sa haute sanction à ces principes (2). Aussi actuellement presque tous les arrêts se prononcent-ils en ce
sens (3).

Pour motiver cette opinion les arrêts prétendent
que le bénéfice de l'assurance n'est jamais entré dans
le patrimoine du mari. Il y a là, nous le savons, une
affirmation dont la preuve est absolument impossible avec le système admis par la jurisprudence. Aussi
celle-ci commet-elle la plus grosse des contradictions
lorsqu'elle cherche à concilier sa théorie avec les résultats qu'elle admet relativement aux créanciers.
Au reste par quelle subtilité juridique donne-t-elle
des solutions différentes suivant qu'il s'agit des intérêts des héritiers ou de ceux des créanciers ? Pourquoi, dans les deux cas, le patrimoine du stipulant
n'est-il pas réputé s'être appauvri de la même somme ? Il y a là une énigme, au dire de M. Labbé. Cependant des auteurs, notamment M. Boistel (4), ont
essayé de justifier cette antinomie en disant que les
créanciers, l'article 564 n'étant que l'application de

(1) Le 2 mars 1887, D. 88, II, 1.
(2) Le 22 février 1888, D. 88, I, 193.
(3) Cass., 7 août 1888, D. 89, I, 118 ; Nancy, 17 janvier 1888,
D. 89, II, 153 ; Alger, 17 octobre 1892, *Rec. pér.*, 92, p. 704, et *Journal des Ass.*, 1893, p. 88.
(4) Note Dalloz, 89, II, 159.

l'article 1167, n'étaient fondés à se plaindre que d'un appauvrissement effectif de leur débiteur et non d'un simple manque de gagner. Cet argument n'a pas la portée que lui attribue son auteur : car il y a bien dans la théorie de la jurisprudence une véritable aliénation du capital assuré qui a résidé un instant de raison c'est vrai, mais enfin qui a résidé parmi les autres biens du stipulant et qui n'en a été séparé que par une manifestation non équivoque de volonté de la part du signataire de la police. Si la stipulation pour autrui transmet, au contraire directement, comme nous le pensons, la créance contre l'assureur au tiers bénéficiaire, le stipulant manque simplement de s'enrichir mais n'aliène point à titre gratuit un bien lui appartenant.

Bien que les documents de jurisprudence précités statuent le plus souvent sur le cas de paiement des primes par la communauté, l'étude de ces solutions rentre cependant dans le cadre de notre première partie. Toutes ces espèces ont en effet pour point de départ une renonciation de la femme à la communauté. Le mari se trouvait dès lors réputé avoir toujours été propriétaire exclusif des biens communs et avoir par suite soldé les primes de l'assurance avec ses deniers personnels. La femme s'était, en renonçant, rendue rétroactivement étrangère à la communauté. Sur ce point nous aurons du reste à nous expliquer plus loin.

. Souvent aussi, dans le but de faire attribuer aux créanciers du failli le droit au capital assuré, le syndic ne se contentait pas d'invoquer l'article 564 du Code de commerce. Sa demande était encore fondée sur l'article 559 aux termes duquel « sous quelque régime matrimonial qu'ait été formé le contrat de mariage... la présomption légale est que les biens acquis par la femme du failli appartiennent à son mari, ont été payés de ses deniers et doivent être réunis à la masse de son actif, sauf à la femme à fournir la preuve du contraire ». Ce texte renverse la présomption de bonne foi s'attachant, d'après le droit commun, aux actes accomplis par un débiteur. Or cette disposition est-elle réellement applicable au cas d'assurance contractée au profit de sa femme par un époux en faillite ?

Malgré une décision (1) de jurisprudence en sens contraire, la négative ne saurait, à mon avis, faire aucun doute : ni son texte, ni son esprit ne rendent l'article 559 applicable à l'assurance contractée dans les conditions que nous prévoyons. Ce texte a trait en effet à une acquisition opérée par la femme elle-même. Ici, rien de semblable : c'est le mari qui a contracté avec la compagnie. De plus le législateur vise, dans l'article 559, le cas où les deniers du mari sont présumés soustraits à l'action des créanciers

(1) Cour d'Amiens, 8 mai 1888, *Pandectes françaises*, II, p. 210.

de la faillite. Dans notre espèce, aucun doute ne saurait au contraire exister : de l'aveu même de la femme, les primes ont été payées avec des biens du mari. Bien plus, elle offre même le remboursement de ces valeurs. Rien ne justifierait donc l'intervention de l'article 559. Cette disposition édictée pour remédier à des fraudes possibles ne peut jamais être déclarée applicable à des hypothèses où toute fraude est impossible, étant donnée la nature même de l'acte.

En résumé, quelque argument qu'ils invoquent, les créanciers d'une faillite ne pourront jamais réclamer à la femme de leur débiteur, en cas d'assurance sur la vie, une somme supérieure au montant des primes payées. Cette solution doit être donnée en cas de paiement des primes non seulement avec des propres du mari mais encore avec des biens de communauté, si la femme a renoncé à cette communauté. Les deux cas sont en effet de tous points assimilables. Ces créanciers auront encore droit au montant intégral des primes alors même que ce chiffre dépasserait le capital assuré. La femme ne sera pas par cela seul sacrifiée, puisqu'elle a toujours la ressource de renoncer à son droit de créance contre la compagnie, dont le bénéfice sera par suite attribué aux créanciers du failli.

En terminant cette première partie de notre étude, constatons combien la stipulation pour autrui répond, en matière d'assurance, exactement aux divers besoins de la pratique. Non seulement en effet cette théorie juridique nous permet de nous conformer constamment à l'intention des parties en cause ; mais elle nous conduit encore logiquement à des décisions d'une équité absolue à l'égard des personnes restées étrangères au contrat (héritiers et créanciers).

Cette analyse du contrat d'assurance peut être du reste ainsi faite toutes les fois que les primes sont soldées à l'aide de biens sur lesquels le bénéficiaire n'a aucun droit antérieur à titre d'époux commun. Cette première partie aura donc eu l'avantage de nous faire connaître, en même temps que les solutions à donner dans une des hypothèses des assurances entre époux, quel est le droit commun en matière d'assurance. La fin de notre travail nous apprendra s'il doit et s'il peut être dérogé à ces principes ordinaires lorsque les primes payées sont le produit de la caisse commune.

DEUXIÈME PARTIE

LES PRIMES SONT PAYÉES AVEC DES BIENS DE COMMUNAUTÉ.

Nous venons, dans notre première partie, de déclarer propre au conjoint bénéficiaire le capital assuré et cela précisément parce que ce capital était obtenu à l'aide de biens propres à l'autre époux. En nous plaçant maintenant dans le cas de primes soldées par la communauté, il semble, au premier abord, qu'il soit impossible d'obtenir le même résultat que précédemment. La condition des biens en jeu, qui nous a permis de sanctionner la volonté du stipulant, non seulement fait ici défaut, mais est encore remplacée par une condition de nature toute contraire. De telle sorte qu'il est logiquement inadmissible d'assimiler les deux hypothèses. Aucun auteur ne les a cependant distinguées l'une de l'autre. Le même raisonnement leur a toujours été appliqué par les jurisconsultes modernes. Rien ne me semble cependant plus anti-juridique. Aussi, à mon sens, doit-on de deux choses l'une : ou déclarer le bien commun comme

5

produit par des deniers de communauté à la suite d'une stipulation pour autrui (art. 1395) ; ou bien rechercher et imaginer pour l'assurance - vie une analyse juridique autre que la stipulation pour autrui, analyse permettant d'échapper au principe si général de l'immutabilité des conventions matrimoniales. Le législateur lui-même a autorisé ce dernier procédé en encourageant l'interprète de la loi à user de tous les moyens et de toutes les combinaisons pour sanctionner les conventions présentant le double caractère de légalité et de moralité. Nous avons eu l'occasion de constater que ces qualités n'étaient plus contestées à l'assurance sur la vie.

Dans notre section première, nous examinerons donc si, à l'aide d'une combinaison des principes établis, le capital assuré peut être soustrait à l'application de l'article 1395 et demeurer par suite propre au bénéficiaire.

Ce résultat obtenu, les effets de l'opération imaginée, de la nouvelle analyse juridique de l'assurance-vie, devront faire l'objet d'une deuxième section. Ces effets ne pouvant se produire qu'à l'égard de la communauté, seule intéressée, c'est donc la question des récompenses que nous aurons à traiter.

SECTION I

Cette assurance peut être contractée :

§ 1. — Soit par un époux s'assurant seul au profit de son conjoint ;

§ 2. — Soit par les deux époux s'assurant conjointement en faveur du survivant.

§ 1. — Un époux s'est seul assuré au profit de l'autre.

Le principe, qui domine cette matière, est, ainsi que nous l'avons déjà dit plusieurs fois au cours de cette étude, celui de l'article 1395, qui prohibe tout changement dans la nature des biens durant le mariage. Cette règle est, à mon avis, tellement générale que seule, dans notre espèce, une théorie, faisant naître le droit de créance du bénéficiaire contre la compagnie après la dissolution de la communauté, pourra réaliser le but poursuivi par le signataire de la police. Toute créance née pendant le mariage de

deniers communs ne doit-elle pas être en effet irrévocablement commune aux deux époux ?

Pour vérifier le bien fondé de cette affirmation il
nous faut démontrer tout d'abord que tout droit créé
durant le mariage au moyen des biens de communauté est lui-même commun. Puis nous établirons
ensuite que cette valeur du fonds social ne pourra
jamais devenir, quelque procédé que l'on emploie,
propre à l'un des époux. Outre l'avantage de donner
à notre système une base inébranlable, cette double
preuve aura encore pour résultat de nous édifier sur
la valeur des nombreuses théories déclarant le capital assuré propre au bénéficiaire soit *ab initio*, soit à
la suite d'une donation de la part de l'assuré.

Toute créance obtenue durant le mariage en
échange de biens communs acquiert elle-même cette
qualité. Tel est le premier point de notre démonstration.

Quelle est en effet l'étendue d'application de cet
article 1395 si souvent invoqué au cours de cette
étude ? « Les conventions matrimoniales, dit ce texte,
ne peuvent recevoir aucun changement après la célébration du mariage ». Or ces conventions du contrat de mariage n'ont-elles pas précisément pour
objet de déterminer la nature des biens appartenant
ou devant appartenir à chaque époux ? Que signifie-
rait donc une immutabilité des conventions qui ne
s'appliquerait pas à la nature des biens des conjoints.

Supposons que les époux aient adopté le régime de communauté réduite aux acquêts, aux termes duquel « ils partageront les acquêts faits par eux durant le mariage et provenant tant de l'industrie commune que des économies faites sur les fruits et revenus des biens des deux époux » (art. 1498). Le mari peut-il, dans cette hypothèse, rendre propre à sa femme la créance acquise contre l'assureur à l'aide de deniers communs ? Rien ne serait, cela est incontestable, plus contraire à l'immutabilité voulue par les rédacteurs de l'article 1395.

N'est-ce pas encore à cette préoccupation du législateur de protéger les valeurs sociales contre toute tentative d'appropriation de la part des époux que sont dus les articles 1401 et suivants ? Il n'était en effet utile de déterminer d'une façon si minutieuse l'actif commun qu'en prohibant absolument aux conjoints toute modification ultérieure à cette composition.

Que signifient enfin les règles spéciales du remploi si des biens propres peuvent toujours être acquis avec des deniers communs ! Les formalités prescrites par les articles 1434 et 1435 deviennent superflues, si une simple déclaration de volonté des époux suffit pour créer un propre.

Fort nombreux sont donc les textes contenant des applications de notre principe, que le législateur a pour ainsi dire encore formellement exprimé dans

l'article 1474. « Après que tous les prélèvements des
deux époux ont été exécutés sur la masse, le surplus
se partage par moitié entre les époux ou ceux qui les
représentent ». Ce surplus partageable par moitié
est, à n'en pas douter, l'actif commun. Dans cette
société, à caractère tout spécial, qui a nom communauté, le législateur veut donc que chaque associé
touche une part égale du capital social, et cela sans
aucune restriction. Or ces associés ont, en adoptant
le régime de communauté, voulu ce que sur ce point
la loi a édicté. Bien plus leur volonté a été rendue
immuable par la célébration même du mariage
(art. 1395) ; ils se sont retirés, pour ainsi dire, à
eux-mêmes le droit de rompre cette égalité acceptée
dans le contrat. Comment dès lors serait-il permis
de former avec des biens, qui d'après la loi devraient
figurer dans la liquidation de la communauté, une
valeur soustraite à ce partage ? Admettre une semblable solution serait détruire dans sa base tout régime de communauté. L'égalité obligatoire, telle
qu'elle a été conçue dans les conventions matrimoniales, n'est-elle pas en effet le fondement de ce régime ?

L'article 1395, qui ne s'applique bien entendu
qu'aux rapports des époux entre eux et se trouve
sans portée à l'égard des tiers, l'article 1395 prohibe donc toute faculté pour les époux de changer la

nature d'un bien à eux appartenant soit en propre, soit comme faisant partie de l'actif commun.

L'inviolabilité de ce principe est telle que le législateur lui-même a cru devoir s'y conformer dans la réglementation récente d'une institution aussi digne cependant d'être favorisée que l'assurance sur la vie. Je veux parler du cas où l'un des époux effectue avec des biens communs des versements à la caisse des retraites pour la vieillesse. Aux termes de l'article 13 de la loi du 20 juillet 1886 « les versements ainsi faits profitent aux deux époux ». La conclusion à tirer de ce texte est évidente : toute acquisition, quels que soient sa nature et son but, dont le prix est fourni par la communauté, ne doit jamais, sauf exceptions limitativement énumérées dans la loi, profiter à l'un ou à l'autre des époux.

Cette solution n'est cependant pas unanimement admise. M. le conseiller Bédarride l'a notamment repoussée dans ses conclusions rapportées au *Recueil de Dalloz* (1). Ce magistrat invoque à l'appui de son objection les derniers mots de l'article 1437 : « Toutes les fois qu'il est pris sur la communauté une somme soit pour acquitter des dettes et charges personnelles à l'un des époux, tels que le prix ou la partie du prix d'un immeuble à lui propre ou le rachat de services fonciers, soit pour le recouvrement, la conser-

---

(1) Dalloz, 1877, I, 224.

vation ou l'amélioration de ses biens personnels et *généralement*, toutes les fois que l'un des époux a tiré un profit personnel des biens de la communauté, il en doit récompense ». Il résulte de là, dit-on, que les biens de communauté peuvent être employés, sauf récompense, à l'amélioration, à la conservation des biens des conjoints et ceci d'une manière générale, car notre article n'a rien de limitatif (arg. des mots : toutes les fois que...). Un époux peut donc tirer un profit personnel des biens de la communauté, sauf à récompenser celle-ci. Mais l'acquisition d'un propre n'est-elle pas, au premier chef, pour l'époux qui la réalise un profit personnel ? Sans aucun doute. L'article 1437 la vise donc comme tous les autres avantages. Au reste le législateur n'a pas eu l'intention d'édicter une règle spéciale à certains actes seulement des époux, il a nettement marqué que ce principe s'appliquait à tous les modes d'enrichissement qu'il a englobés sous la formule « *et généralement.....* ». L'article 1437 autorise donc, moyennant récompense, l'acquisition d'un bien propre avec un bien de communauté.

La place seule occupée par ce texte suffirait à nous inspirer certains doutes sur la valeur de cette théorie. Notons en effet que l'article 1437 se trouve au milieu de dispositions ayant trait aux effets des actes accomplis par les époux, et non avec les articles déterminant quels actes les époux peuvent faire entre

eux. On ne saurait donc en tirer argument pour
valider tel ou tel acte, puisque ce texte ne s'occupe
nullement de la capacité des conjoints, mais d'un
simple règlement pécuniaire entre les époux. Il nous
faudrait une disposition sans équivoque possible pour
autoriser l'achat d'un propre avec des valeurs commu-
nes tellement cette faculté accordée aux époux semble en contradiction avec tous les principes contenus
dans nos lois. Sur ce point, nous ne saurions mieux
faire que de reproduire quelques lignes écrites par
M. Labbé (1) :

« Les causes d'acquisition qui durant la communauté font des propres sont exceptionnelles et limitativement déterminées. Nous voyons qu'un époux
peut, en puisant dans la caisse des deniers communs
avec le consentement du chef de la communauté, dé-
grever un propre d'une charge, assurer contre l'incendie un bâtiment dont la valeur dans sa fortune
propre sera, le cas échéant, remplacé par le capital
de l'assurance, améliorer un bien propre, faire notamment sur un terrain nu une construction qui sera
propre. Ce que les époux ne peuvent pas faire, c'est
faire pour eux un contrat principe d'une acquisition
nouvelle, ils ne peuvent arbitrairement se créer des
propres, acheter avec des biens communs des biens
propres à l'un d'eux sauf récompense à la commu-

(1) Note Sirey, 77, I, 393.

nauté ». Ajoutons enfin que généraliser, comme
M. Bédarride, l'article 1437, c'est placer dans ce
texte non seulement une dérogation mais encore une
véritable annihilation de l'article 1395. Celui-ci ne
défend-il pas en effet de modifier les conventions matrimoniales, de revenir sur le régime adopté le jour
où il paraîtra gênant et incommode. Or le mari se
souciera fort peu de cette prohibition, puisque son
régime même, largement interprété grâce à l'article 1437, lui permet d'attribuer telle nature qu'il
lui plaît aux biens communs. Ce système est donc
de tous points inadmissible et nous devons conclure
que toute créance produite par des deniers communs
est elle-même bien de communauté.

Par suite, la stipulation pour autrui, dont la conséquence est précisément de faire naître immédiatement un droit, ne saurait donner satisfaction à la
volonté des parties. Les primes étant payées par la
communauté, la créance contre l'assureur sera forcément en effet commune en vertu de l'article 1395.
Il y a impossibilité absolue d'obtenir par ce procédé
un droit propre à la femme. La stipulation, si favorable aux bénéficiaires de l'assurance en cas de paiement des primes avec des deniers propres, demeure
au contraire dans notre cas, en vertu du même principe, impuissante à sanctionner l'intention du stipulant.

Néanmoins un auteur a cru pouvoir obtenir le ré-

sultat désiré même avec la stipulation pour autrui.
« Le capital assuré, dit en effet M. Couteau, n'étant
acquis par le bénéficiaire qu'à la dissolution de la
communauté n'a jamais pu faire partie de celle-
ci (1) ». Cette affirmation repose tout entière sur
une confusion entre la naissance d'une obligation et
son exécution. De ce que le bénéficiaire ne jouit
jamais du capital assuré avant la mort de son conjoint, il n'en résulte pas que son droit de créance ne
soit né que du jour de ce décès. Ce droit existait,
sans conteste, antérieurement ; il se trouvait simplement quant à son exigibilité soumis à un terme
incertain. Nier ainsi la réalité de cette créance serait
méconnaître l'article 1185 d'après lequel « le terme
diffère de la condition en ce qu'il ne suspend point l'engagement, *dont il retarde seulement l'exécution* ».
Or ne sommes-nous pas précisément en présence
d'une obligation dont les parties ont repoussé l'exécution à la mort du stipulant. Prendre texte de cette
clause pour affirmer que l'obligation de la compagnie
n'existera qu'à cette époque serait interpréter litté-
ralement l'adage « qui a terme ne doit rien ».

Non seulement, ajoute M. Couteau, la créance du
bénéficiaire est à terme, mais l'existence même de
cette créance est conditionnelle durant toute la du-
rée du mariage. Comment dès lors cette valeur,

_____

(1) Couteau, *op. cit.*, t. II, p. 549.

dont l'existence n'est réelle que du jour du décès du stipulant, c'est-à-dire de la dissolution de la communauté, comment cette valeur pourrait-elle tomber en communauté ?

Ce raisonnement contient un point incontestable : la condition de survie du bénéficiaire à laquelle est subordonnée l'existence de la créance. Mais il ne tient pas assez compte de l'article 1179, aux termes duquel « la condition a un effet rétroactif au jour où l'engagement est contracté. » Par suite, il est évident que le droit au capital assuré prend naissance le jour même du paiement de la première prime et peut, à ce titre, faire partie de l'actif commun (1).

Pour échapper à ce résultat inévitable par le fait même de la naissance de la créance durant la communauté, pour empêcher la rétroactivité du terme ou de la condition, les annotateurs du *Journal des Assurances* (2) ont voulu faire du décès du stipulant et par suite de la dissolution de la communauté, un élément essentiel du contrat d'assurance-vie. La mort de l'assuré, disent-ils, n'est ni un terme ni une condition mais bien la cause même de l'obligation de l'assureur. C'est en effet uniquement parce que le signataire de la police est mort, que la compagnie doit le capital assuré. Comment, dès lors, le droit de créance aurait-il pu prendre naissance antérieu-

(1) *Sic* : M. Labbé, note Sirey, 1877, I, 393.
(2) Voir notes *Journal des Assurances*, 1886, p. 489 et 547.

rement à la dissolution de la communauté, puisque,
jusqu'à l'événement qui a provoqué cette dissolution,
l'obligation de l'assureur n'existait pas !

Rien ne serait plus exact que ce raisonnement, si
son point de départ était basé sur un texte de droit ;
mais personne n'ignore que, dans toute convention,
la cause de l'obligation d'une des parties est précisément l'objet de l'obligation de l'autre. Dans notre
espèce quelle est par suite la cause en vertu de laquelle la compagnie doit solder le capital assuré ? Le
paiement des primes par le signataire de la police
et non la mort de celui-ci. L'obligation de la compagnie existe donc du jour même où la première prime
d'assurance est soldée. Mais cette obligation ne devient exigible qu'à l'arrivée d'un terme incertain :
le décès du stipulant. — Dans toutes les assurances
quelles qu'elles soient (maritimes ou contre les incen-
dies et les accidents), l'obligation de l'assureur est toujours bien antérieure, quant à sa formation, à son
exigibilité. Un simple fait matériel ne peut, au surplus, jamais être la cause d'une obligation que s'il
constitue une faute pour son auteur et porte préjudice à autrui. Dans notre cas, la mort du signataire
de la police ne saurait donc être réputée la cause de
l'obligation de l'assureur. Aussi nous faut-il conclure
que cette obligation existe bien durant le mariage et
que par suite le droit de créance du bénéficiaire a
pris lui-même naissance pendant la communauté.

D'autre part, nous l'avons vu, cette créance étant
formée à l'aide de prestations fournies par le patrimoine social, ne peut donner naissance qu'à un droit
commun aux deux époux. Il en sera de même toutes
les fois que ce droit prendra naissance avant le mariage.

Mais cette créance commune, que les époux dési-
rent voir attribuer à l'un d'eux en propre, va-t-elle
pouvoir changer de nature, en vertu d'une opération
postérieure à sa formation, d'une donation entre
époux par exemple?

Nos tribunaux n'hésitent pas, se basant sur l'article 1401 *in fine*, à admettre l'affirmative. Le mari,
disent les arrêts (1), en s'assurant au profit de la
femme avec des deniers de communauté, a acquis
contre la compagnie d'assurances une créance devenue commune en vertu de l'article 1395. Mais simultanément à cette acquisition à titre onéreux, le mari
fait donation à sa femme du quantum du capital assuré auquel auraient droit ses héritiers à la dissolution de la communauté. Cette quotité donnée à la
femme se compose soit de la totalité du capital, en
cas de renonciation de la femme, soit de la moitié
seulement de ce capital, l'autre partie étant encore

(1) Cass., 28 mars 1877, S. 77, I, 393. — Paris, 1er août 1879,
S. 80, II, 249. — Cass., 2 mars 1881, S. 81, I, 45. — Cass., 27 juil-
let 1884, S. 85, I, 5. — Paris, 5 mars 1886, *Journ. Ass.*, 86, p. 167.
— Cass., 27 janvier 1888, S. 88, I, 130. — Amiens, 31 janvier 1889,
D. 91, II, 9.

attribuée à la femme en sa qualité d'épouse commune. La donation ainsi faite par le mari à sa femme, ajoute la jurisprudence, demeurera propre à celle-ci, en vertu de l'article 1401 *in fine* ; car la volonté du conjoint, en ce sens, ne peut faire l'objet d'aucun doute. C'est là une opinion que nous avons réfutée dans notre première partie en prouvant que l'article 1401 ne s'applique pas aux relations des époux entre eux. L'opinion de la jurisprudence se trouve très bien résumé dans un arrêt d'Amiens (1) : « Considérant que par le contrat d'assurance T..., en échange de son obligation de payer les primes, acquérait contre la compagnie une créance ferme dont l'époque du paiement était seule incertaine, que cette créance acquise durant le mariage sous le régime de communauté d'acquêts faisait évidemment partie du mobilier de la communauté. Considérant qu'aux termes de l'article 1422 le mari peut disposer des effets mobiliers de la communauté à titre gratuit et particulier au profit de toutes personnes pourvu qu'il ne s'en réserve pas l'usufruit. Considérant que la généralité des termes employés implique le droit pour le mari de disposer à titre gratuit des effets mobiliers au profit de sa femme aussi bien qu'au profit d'un tiers sauf bien entendu la faculté pour lui de révoquer la disposition jusqu'à la dissolution du mariage..... ».

(1) Amiens, 25 février 1880, S. 81, I, 337.

Il n'est pas, à mon avis du moins, possible de violer d'une façon plus manifeste le principe de l'immutabilité des conventions matrimoniales. L'article 1195 n'a-t-il pas en effet pour but, suivant MM. Aubry et Rau (1), « de prévenir les débats auxquels le désir d'obtenir des modifications au régime sous lequel le mariage a été contracté, donnerait fréquemment lieu entre époux, de mettre les époux eux-mêmes, leurs enfants et leurs parents à l'abri de surprises d'autant plus à redouter qu'il est toujours difficile, sinon impossible, d'en apprécier les résultats et, enfin, de garantir les tiers des mécomptes auxquels les exposerait la latitude laissée aux époux de modifier d'une manière plus ou moins profonde les bases ou conditions de leur régime matrimonial (2) ». Or le changement de nature d'un bien commun est une opération qui peut nuire tout à la fois aux époux et aux tiers et qui se trouve par suite doublement prohibé. Nous savons en effet combien l'égalité entre conjoints est un principe cher au législateur et de quelles précautions il a été entouré. Faire bénéficier l'un des époux d'un bien de communauté est un résultat qu'il n'est possible d'atteindre qu'en cas d'autorisation expresse donnée par un texte du Code ; en matière de remploi par exem-

_____

(1) Tome V, § 503 *bis*, texte et notes 1 et 8.
(2) *Sic* : Marcadé sur l'art. 1395. Guillouard, *Cont. de mar.*, 1, 205 ; Laurent, XXI, 65.

ple ou de rachat de services fonciers. Une simple
comparaison nous montrera bien tout l'illogisme
qu'il y aurait à permettre à un époux de donner en
propre à son conjoint un bien de communauté. Lorsqu'un mari achète avec les deniers de l'association
une créance, il ne peut, personne ne le conteste,
déclarer dans l'acte d'acquisition que cette créance
demeurera propre à sa femme. Modifions un peu l'hypothèse et supposons que la créance est d'ores et
déjà dans la communauté. C'est, disons-nous, un
fait accompli. Si le mari veut alors donner en propre ce même bien à sa femme ne va-t-il pas commet-
tre une dérogation, tout aussi évidente que celle de
tout à l'heure, au régime matrimonial ? Par conséquent ne se heurte-t-il pas au même article 1395 ?
Son opération ne mérite-t-elle pas le même sort, c'est-
à-dire la nullité, que la déclaration insérée dans le
contrat de vente ? Le législateur a entendu le mettre
en garde contre de semblables modifications, même
consenties par les deux parties, au régime adopté.
Du reste ces changements ne seraient pas souvent
sans porter une grave atteinte aux droits des tiers,
que l'article 1395 a encore pour but de protéger. Le
mari aura en effet, par des donations de biens communs, la faculté de faire passer dans le patrimoine
de sa femme tous les biens et de réduire à néant le
gage de ses créanciers. Mais alors, me répondra-t-
on, le donateur commettra une fraude donnant ou-

6

verture à l'action paulienne en faveur des créanciers
(art. 1167). La fraude, indispensable pour se prévaloir de l'article 1167 pourra fort bien ne pas exister.
Supposons en effet un ménage dans une situation de
fortune très brillante ; le mari donne tous les biens
de communauté à sa femme. Postérieurement à cette
libéralité, et par suite de revers pécuniaires, le
mari emprunte sur billet à des personnes qui, d'après
le contrat de mariage, ont tout lieu de croire la
plupart des valeurs du ménage biens de communauté.
Ces créanciers n'exigent donc pas de sûretés spéciales. Sur ces entrefaites, le mari vient à mourir. Les
créanciers veulent naturellement se faire payer sur
ces biens qu'ils croyaient communs, et seulement
alors ils s'aperçoivent que leur prétendu gage ne l'a
en réalité jamais été. Pourront-ils, pour obtenir la
résolution de la donation, arguer d'une fraude quelconque de la part du mari ? Non évidemment, puisqu'à l'époque de la libéralité, aucune intention frau-
duleuse ne pouvait exister. Or, le législateur a évidemment voulu protéger les tiers contre de telles
éventualités. C'est ainsi que, dans ce but, il a édicté
dans l'article 1595 la prohibition de la vente entre
époux en dehors de certains cas où il ne peut y avoir
préjudice pour les tiers. Peut-on dès lors concevoir
que les rédacteurs du Code si prévoyants à l'égard
d'un acte à titre onéreux aient fermé les yeux sur les
inconvénients au moins aussi graves que ferait naî-

tre pour un conjoint la possibilité de gratifier l'autre de biens communs en leur attribuant la nature
de propres ?

A l'encontre de cette solution, la jurisprudence
invoque l'article 1422 aux termes duquel le mari
« peut déposer des effets mobiliers à titre gratuit au
profit de toutes personnes, pourvu qu'il ne s'en réserve pas l'usufruit ». De même, dirons-nous, que
l'article 1401, l'article 1422 ne saurait être invoqué
pour régir les relations entre conjoints. Toute disposition ne doit en effet être entendue qu'avec cette
finale qu'elle ne contredira aucun des principes généraux de la matière où elle est placée. Or, nous
avons vu que la base de tout régime matrimonial
réside dans la détermination irrévocable de la nature
des biens, détermination à laquelle les époux ne
peuvent porter aucune atteinte. Cet article 1422, ne
cadrant aucunement avec ces principes, ne doit
donc pas avoir la portée que lui attribue la jurisprudence.

Nous pouvons désormais affirmer, je crois, d'une
façon certaine que toute créance, ayant pour origine
des deniers de communauté, a et conserve, aussi
longtemps que subsiste le lien conjugal, la qualité
de bien commun. Veut-on par suite que le capital
assuré, obtenu à l'aide de primes soldées par la caisse
sociale, devienne propre à l'un des époux ? Il est nécessaire de ne faire prendre naissance à ce droit au

capital qu'après la dissolution de la communauté. Toute créance antérieure à cette époque ne pourrait, nous le savons, constituer un propre sans violer le principe de l'immutabilité des conventions matrimoniales.

Faut-il, en conséquence, conclure qu'il y ait antagonisme absolu entre les règles de la communauté, qui doivent être obéies, et la volonté d'un époux, qui mérite aussi qu'on la respecte ?

Sans l'avouer expressément, certains auteurs pourraient parfois le laisser croire. Ne les voyons-nous pas en effet proposer pour sortir de cette impasse des raisons d'un ordre plus moral que juridique. Mais ne traitant point ici une question de législation, c'est la seule valeur en droit des arguments proposés qu'il nous faut considérer. Pour conserver à cette théorie toute la force, je tiens à reproduire textuellement le passage où M. Labbé a pris soin de la développer (1). « Les époux ne peuvent pas se créer arbitrairement des propres : mais ils ne sont tenus de ne sacrifier aucun intérêt personnel naturellement distinct de celui de la communauté. Ceci posé, analysons le contrat d'assurance. Un époux qui s'assure un capital payable au décès de son conjoint sauvegarde en sa personne un intérêt d'avenir, un intérêt d'existence après la dissolution de la com-

(1) Sirey, note 1877, I, 397.

munauté. Il se fait promettre une indemnité contre
la chance que la communauté prématurément dissoute ne lui laisse pas de quoi vivre. Un tel contrat
répond à des intérêts réels, graves, sérieux qui sont
naturellement et non arbitrairement en dehors de la
communauté. Ce qui prouve que ce contrat n'est pas
de ceux qui doivent nécessairement profiter à la communauté c'est que, fait pour la communauté, il n'en
a plus le même sens, le même but et le même résultat. Il préserve alors contre la chance d'un décès
prématuré tous les ayants cause de la communauté,
notamment les créanciers de celle-ci. Il laisse en
souffrance l'intérêt personnel de l'époux survivant.
Or est-il défendu à une femme, qui peut, en répu-
diant la communauté, se décharger du passif de
celle-ci, de s'assurer, de se prémunir elle-même personnellement par une assurance contre le tort que
lui cause le décès prématuré de son mari, lequel
quoique privé de sa fortune aurait pu la faire sub-
sister par son travail? Non, sans doute, les règles de
la communauté n'ont jamais pour but d'empêcher un
contrat licite, de s'opposer à une combinaison honnête ».

Qu'il y ait la plupart du temps dans l'assurance
sur la vie une combinaison honnête, je ne le conteste
pas ; mais que les règles du régime de communauté
ne s'opposent pas, si la créance naît pendant cette
communauté, à l'exécution complète de la volonté

des parties, c'est précisément le point à démontrer. On invoque un intérêt supérieur, naturellement en dehors de la communauté. C'est là un aperçu tout à fait subjectif. Des esprits éminents ont bien au contraire considéré l'intérêt des créanciers comme devant être placé au-dessus de celui de la famille (1). Un débiteur ne doit-il pas, avant tout, songer à se libérer. Ses créanciers ne lui ont peut-être en effet accordé de crédit que dans la pensée de voir toute la famille travailler au rétablissement de l'ordre dans les affaires, et c'est précisément ces parents, sur lesquels a compté le créancier, qui vont le frustrer de ses droits. Est-il dans ces conditions possible d'affirmer que l'intérêt s'attachant à l'assurance sur la vie soit tellement éminent qu'il doive faire fléchir toutes les règles susceptibles de lui porter quelque atteinte? Il est, nous le savons, en opposition avec une autre situation également digne de protection et qu'on ne peut ni ne doit mépriser. — Mais, m'objectera-t-on, les textes du contrat de mariage ne confèrent-ils pas à la femme certaines prérogatives nuisibles aux créanciers? N'est-ce pas en effet à leur détriment qu'elle renonce le plus souvent à la communauté? Sans doute, mais dans ce cas au moins ne tirera-t-elle aucun avantage de cette communauté, n'enlèvera-t-elle pas la moindre parcelle du gage de

(1) Voir conclusions du procureur général Dupin.

ses créanciers. En matière d'assurance, une solution identique est loin de pouvoir s'affirmer d'une
façon aussi catégorique.

Afin d'étayer plus solidement cette théorie, on (1)
tente parfois encore d'assimiler de tous points l'assurance sur la vie à une assurance ordinaire, en
considérant l'homme comme un capital dont la mort
amène la disparition. L'indemnité doit dès lors rem-
placer la valeur détruite par le sinistre et conséquemment être propre ou commune suivant que
l'objet assuré avait lui-même l'une ou l'autre de ces
qualités. L'homme a la faculté de s'estimer soit
comme un élément du patrimoine de la communauté
en souscrivant, par exemple, une assurance à son
ordre, soit comme une fraction des biens personnels de son conjoint, ce qu'il indique, d'une façon
non équivoque, en désignant celui-ci comme le bénéficiaire de l'indemnité due par la compagnie d'assurances. Dans ces conditions le capital assuré viendra
donc se substituer au *de cujus* dans tel ou tel patrimoine.

Quoique très ingénieux, ce raisonnement est cependant loin d'être concluant ; car si l'homme, éco-
nomiquement parlant, peut être comparé à une
valeur pécuniaire, le législateur n'a jamais voulu,
à mon avis, le considérer comme tel. L'analogie me

(1) Mornard, *op. cit.*, p. 258 à 264. *Sic* : Typaldo Bassa, *op. cit,*

semble par suite quelque peu forcée pour être prise
en considération dans une étude toute juridique. De
plus est-ce bien une perte au point de vue purement
pécuniaire que le décès d'un individu parfois inin-
telligent et inutile ? Des contestations sont, sur ce
point, au moins permises. Enfin l'admission du système de l'homme capital conduirait forcément à
obliger tout époux, lorsqu'il contracte mariage, à
déclarer quel caractère il entend attribuer au bien
meuble (car l'homme ne peut pas, sans aucun doute,
être rangé parmi les valeurs immobilières) que re-
présente sa personne. La loi n'admet pas en effet que
l'on se marie sans un régime aux termes duquel chaque bien soit soumis à une règle aussi nettement
déterminée qu'immuable.

Reconnaissant les conséquences inadmissibles
auxquelles aboutirait ce système, certains auteurs (1) ont essayé, pour soustraire le capital assuré aux règles de la communauté, de soutenir que
ce numéraire représentait non le mari devenu bien
propre de la femme, mais un droit propre à celle-ci,
en vertu duquel elle peut obliger son mari à la nour-
rir et à pourvoir à ses besoins. Ce droit est, assure-
t-on, incontestable puisque l'article 214 du Code
civil le confère en termes exprès : « Le mari est tenu
de recevoir sa femme et de lui fournir tout ce qui

---

(1) Rédacteurs du *Journal des Assurances*, 1883, p. 104.

lui est nécessaire pour les besoins de sa vie suivant ses facultés et son état ». Par suite, le mari a non seulement le pouvoir mais même le devoir d'assurer sa femme contre la perte de ce droit, de même qu'en sa qualité d'administrateur il se trouve dans l'obligation d'assurer les immeubles dont la gestion lui est confiée. Ces idées ne contiennent-elles point une confusion évidente du devoir moral et de l'obligation juridique ? Comment celle-ci serait-elle comprise dans l'article 214, où il n'est question que d'obligations supposant le lien conjugal encore existant. Né avec le mariage, le droit de la femme à des ressources en rapport avec sa situation, prend fin en même temps que l'existence commune. La femme ne pourrait pas, par exemple, arguer de l'article 1428 pour exiger, à l'encontre des héritiers de son conjoint, une reprise sur les biens communs sous prétexte que son mari, en ne s'assurant pas sur la vie à son profit, a manqué à tous ses devoirs d'administration. Si cette prétention était justifiée, rien ne s'opposerait à ce que la femme puisse, s'appuyant sur le même motif, introduire une demande de séparation de biens. Qui oserait cependant souscrire à une pareille conséquence ?

La multiplicité des systèmes imaginés pour échapper, en matière d'assurance sur la vie entre époux, à l'application des règles de la communauté, constitue, à mon sens, une des meilleures preuves de l'obligation qu'imposent ces principes de considérer comme un élément de la communauté le capital assuré. De l'instant où la créance prend naissance durant le mariage, elle ne peut, nous l'avons démontré, être que commune aux deux conjoints. Ceux-ci n'ont même pas la faculté par une opération ultérieure, de lui attribuer une autre qualité. La seule théorie capable d'éviter ce résultat est donc une de celles que nous avons exposées dans notre première partie, et dont le promoteur est M. Thaller. Cette théorie consiste dans la formation du droit de créance pour le bénéficiaire à une époque où il n'y a plus de communauté, c'est-à-dire, après la mort du stipulant. Ce point de départ nous semblant le seul juridique, il importe d'examiner avec d'autant plus de soin ce système, que de son admission ou de son rejet résultera la nature du capital assuré. Par suite même se trouvera tranchée la question de savoir s'il y a ou non incompatibilité entre les règles de la communauté et la volonté d'un époux signataire d'une police en faveur de son conjoint, en cas de paiement des primes par la caisse sociale.

Remarquons tout d'abord que certaines décisions judiciaires ont semblé vouloir prendre, pour justifier le droit absolu de la femme au capital assuré, le même point de départ que M. Thaller. Les magistrats n'y ont-ils point vu l'unique moyen d'arriver au but qu'ils se proposaient ? Les dispositifs de plusieurs arrêts permettraient de l'induire. Quoi qu'il en soit, la Cour de cassation, la première le 2 juillet 1884 (1), formula ce principe qui jusqu'alors n'avait point été encore invoqué.

« Attendu en droit, dit-elle, que le contrat d'assurances sur la vie, pour lequel il est purement et simplement stipulé que moyennant le paiement de primes annuelles une somme déterminée sera, à la mort du stipulant, versée à une personne spéciale-ment désignée a pour effet au cas où le contrat a été maintenu par le paiement régulier des primes d'obliger, à la mort du stipulant, le promettant à verser le capital assuré entre les mains du tiers désigné et *de créer à ce même instant,* au profit du tiers bénéficiaire, *un droit de créance contre le promettant.*

« Attendu que ce droit personnel au tiers bénéficiaire ne repose que sur sa tête et ainsi ne constitue pas une valeur successorale ; qu'en effet le capital assuré n'existe pas dans les biens du stipulant durant sa vie, puisque le capital ne se forme *et ne commence d'exister que par le fait même de la mort du stipulant* et que d'un autre côté le contrat n'en attribue à celui-ci ni le bénéfice personnel ni la disposition et ne lui laisse que la faculté de rendre nuls les effets de la convention par le non-paiement des primes.

(1) Cassation, S. 1885, I, 5.

« Attendu que, dans ces conditions, il est impossible de dire que la somme qui doit être versée par le promettant au bénéficiaire après la mort du stipulant ait été la propriété de ce dernier au moment de son décès et conséquemment se trouver dans sa succession ».

La Cour d'Aix (1) proclame aussi qu'il « n'est pas possible que le capital assuré vienne jamais du vivant de l'assuré, ce capital ne devant se former et commencer d'exister que par le fait même de sa mort. »

Un arrêt de la Cour de Besançon invoque à peu près le même considérant : « Attendu que la créance contre la compagnie n'a jamais été dans le patrimoine du mari, qu'elle *n'a pris naissance que par l'événement prévu*..... (2) »

Si ces divers monuments de jurisprudence posent un principe exact, selon nous, ils sont loin à vrai dire de le justifier par quelque analyse juridique. Aucun ne nous démontre en effet comment et à l'aide de quel procédé l'existence de la créance se trouve ainsi retardée. C'est cependant là le point capital : car ce système ne saurait avoir de valeur que s'il a une base inattaquable en droit. Les considérations présentées à ce sujet par M. Thaller dans une note de Dalloz (3) suppléent au silence de nos magistrats.

---

(1) 24 mars 1886, D. 87, II, 214.
(2) Besançon, 2 mars 1887, D. 88, II, 4.
(3) D. 88, II, 1.

« La compagnie promet au stipulant, au dire de
M. Thaller, qu'à sa mort elle fera une offre au tiers
désigné de la somme convenue. Il y a sans doute
chez le stipulant une créance ferme et actuelle bien
que visant un fait à accomplir plus tard, mais ce n'est
pas la créance du capital *Do ut facias*. Je vous verse
des primes pour que vous proposiez à X... quand je
ne serai plus en vie d'accepter la somme fixée. Puis-
je légalement stipuler de mon débiteur qu'il accom-
plira après mon décès un acte déterminé ? Puis-je
convenir que cet acte aura pour objet la formation
d'un lien juridique avec un tiers provisoirement désigné ? Pourquoi non ? Il est licite de remettre une
somme d'argent à un dépositaire à la condition qu'il
le consacre, après la mort du déposant, à une affec-
tation spécifiée. La situation présente n'est pas autre.
La compagnie pour se mettre en règle avec ses engagements doit, le souscripteur une fois mort, se révé-
ler au tiers et lui poser une offre du capital assuré
que le bénéficiaire acceptera, *alors mais alors seulement* s'établira entre l'assureur et le tiers un rapport
contractuel sans nulle interposition, une dette et une
créance ayant pour objet la somme énoncée dans la
police et qui n'a jamais figuré dans le patrimoine de
l'assuré. Jusque-là l'offre ne tient pas encore, la
créance qu'elle doit engendrer n'existe pas : ce qui
existe c'est le droit de l'assuré de contraindre la compagnie à poser l'offre au tiers au moment opportun ».

Ce raisonnement ne peut pas, à mon avis, être taxé de heurter un principe quelconque de la communauté. En traitant avec la compagnie d'assurances, le mari n'outrepasse point la limite de ses droits. Que cette convention ne procure aucun avantage appréciable à la communauté, je ne le conteste pas ; mais où trouve-t-on dans le titre du contrat mariage un texte annulant les actes du mari ne contribuant pas à l'augmentation du fonds social ? La seule prohibition au droit de disposition du mari concerne en effet, nous l'avons constaté, la transformation d'un bien commun en un bien propre au profit de l'un quelconque des conjoints. Or notre système échappe tout naturellement à ce reproche, puisque le bien acquis par le contrat d'assurance est une action contre la compagnie, action ayant pour objet la formation d'une convention à intervenir entre l'assureur et le bénéficiaire. Cette action, obtenue avec des deniers communs, fait, sans aucun doute, partie de l'actif social. On ne saurait par suite taxer d'illégal l'acte du mari. Quant au patrimoine propre de la femme, il ne se trouve point illicitement accru, puisque, si un jour il vient à comprendre l'action contre la compagnie d'assurances, c'est que celle-ci aura été acquise par la femme en sa qualité de copropriétaire du fonds commun. La signature de la police n'est donc en principe pour la femme la source d'aucun enrichissement qui lui soit propre et consé-

quemment interdit. Tout au plus acquiert-elle ainsi
l'espoir de voir se réaliser plus tard une opération
juridique avantageuse pour elle. Mais notons soi-
gneusement que la seule chose acquise par le contrat
d'assurance est non un droit au capital assuré mais
une action commune à l'aide de laquelle on mettra
certains droits en mouvement. Au reste, il ne faudrait pas croire cette action dépourvue à l'égard de
la communauté de tout avantage pécuniairement
appréciable. En effet, aux termes des statuts de toute
société, chaque signataire de police a droit à une
participation des bénéfices, participation dont le
montant tombera dans notre espèce en communauté :
comme produit de l'action, bien commun. Ainsi
compris, le contrat d'assurance ne procure, durant le
mariage, aucun avantage personnel à l'un des conjoints et doit être déclaré licite. Après la dissolution
de la communauté, qu'il résulte, du fait de la convention intervenue entre le mari et la compagnie, un
nouveau contrat entièrement au profit de la femme,
cela est incontestable mais nullement prohibé par la
loi matrimoniale limitée, nous le savons, aux rapports des époux durant l'association conjugale (article 1395).

Cette théorie, objectera-t-on peut-être, a le tort
de ne pouvoir s'édifier qu'à l'aide de raisonnements
par trop subtils et scolastiques. Je ne le conteste pas ;
mais, à vrai dire, doit-on les regretter en présence

du résultat que seul ce système nous permet d'atteindre ? En le repoussant, ne se condamne-t-on pas, par le fait même, à déclarer commun le capital obtenu à la suite du paiement des primes soldées par la communauté ?

Une autre critique a encore été formulée par quelques auteurs. Cette analyse ne tient, prétend-on, aucun compte de la prohibition par le législateur des donations à cause de mort. Est-il besoin de faire remarquer que toutes les opinions, sans exception, émises sur cette délicate question de l'assurance sur la vie, prêtent le flanc à un reproche identique et que cependant personne n'a cru devoir s'y arrêter.

D'autre part, il est bien évident que, dans notre cas, l'absence des formes prescrites par la loi pour les actes à titre gratuit ne saurait constituer un grief sérieux. Si entre époux il existe en effet une véritable donation, cette libéralité se déguisant sous le couvert d'un contrat à titre onéreux n'est-elle pas, *ipso jure*, dispensée des formalités habituelles ?

Dans notre première partie, nous n'avons pas cru devoir adopter cette manière d'envisager l'assurance. Alors que les primes étaient prélevées sur le patrimoine personnel du mari, l'action acquise par ces deniers devenait, comme eux, propre au conjoint signataire. A sa mort cette action se trouvait alors transmise à ses héritiers, de telle sorte que la femme restait sans moyen de coercition à l'égard de la com-

pagnie assureur. Il est vrai qu'en fait le plus souvent
la compagnie serait assez soucieuse de ses intérêts
bien entendus pour ne pas employer la mauvaise foi
à son service et épiloguer sur des arguments misé-
rables pour obtenir un gain généralement minime :
car elle serait toujours redevable au moins du montant des primes aux héritiers du signataire de la police. La compagnie qui agirait de la sorte non seulement encourrait les reproches de tous les honnêtes
gens, mais verrait en outre le discrédit l'entourer et
la conduire à la ruine. Ces raisons excellentes au
point de vue des faits ne peuvent cependant pas à
elles seules être déclarées suffisantes lorsqu'il s'agit
d'une théorie purement juridique. Or, il est facile,
croyons-nous, de démontrer, qu'en cas de paiement
des primes par la communauté, la situation de la
femme bénéficiaire de l'assurance est tout autre.
Par son acceptation, elle devient en effet copropriétaire de tous les biens sociaux, y compris l'action
achetée par le mari contre l'assureur. Rien ne lui
sera dès lors plus aisé que de mettre la compagnie
en demeure d'exécuter sa promesse. La personnalité
de la femme se dédoublera, pour ainsi dire, dans
cette circonstance. En qualité de commune en biens
elle obligera l'assureur à faire une offre à telle personne désignée dans la police d'assurance, c'est-à-
dire à un tiers déterminé. De ce que ce tiers se trouve
être précisément le poursuivant, il ne s'ensuit pas

7

que des règles spéciales doivent être suivies : car, à
la dissolution de la communauté, la femme a recon-
quis une capacité pleine et entière et les actes produisent à son endroit les mêmes effets qu'à l'égard
d'une personne non mariée. En conséquence tout ce
qui lui advient à partir de cette époque lui demeu-
rant propre, le capital assuré ne peut à aucun titre
être considéré comme bien commun. Ce résultat
n'ayant rien que de très logique, concluons donc que
toutes les fois que la femme acceptera la communauté, elle aura un moyen efficace d'obtenir en propre
le capital assuré à son profit. L'acceptation sera le
parti le plus fréquemment adopté par la femme, puisqu'en raison du bénéfice d'émolument il ne présente
aucun danger pour elle.

Mais qu'adviendrait-il toutefois au cas de renonciation ? Comment la femme parviendrait-elle à faire
reconnaître ses droits à l'encontre de la compagnie,
ou plutôt par quel procédé pourrait-elle faire naître
le contrat générateur de ses droits puisque, jusqu'à
l'offre de la compagnie, il ne peut s'agir de droits à
son profit ? Par sa renonciation, la femme étant devenue étrangère à la communauté, l'action obtenue
par la communauté ne peut pas en effet être mise en
mouvement par elle. Il n'y a pas lieu, d'autre part,
de compter pour actionner l'assureur sur le bon vouloir des créanciers ou des héritiers du mari : c'est là
une circonstance de fait n'ayant aucune valeur au

point de vue juridique. La convention conclue par le signataire de la police restera-t-elle donc, en cas de renonciation, sans effet à l'égard d'un assureur récalcitrant ? La femme bénéficiaire du contrat sera bien, il faut l'avouer, dans notre hypothèse, sans ressource pour obtenir directement de la compagnie une offre en sa faveur. Mais à bien réfléchir, cette femme ne se trouve-t-elle pas, par suite de sa renonciation, dans la même situation que si les primes avaient été payées sur le patrimoine propre du mari ? On ne saurait, il me semble, le contester ; la femme qui renonce, est en effet réputée n'avoir jamais vécu en communauté, et devient donc rétroactivement étrangère à tous les biens composant le patrimoine social. Par suite le mari doit être considéré comme ayant toujours été seul et unique propriétaire des deniers, dits communs pendant le mariage, mais en réalité ses biens propres même durant la communauté, par suite de l'effet rétroactif de la renonciation de la femme. Dans ces conditions, le contrat d'assurance se présente à nous comme une véritable stipulation pour autrui conclue par le mari au profit de sa femme. Nous sommes en présence d'une assurance dont les primes sont prélevées sur les biens propres du signataire de la police. L'opération est dès lors naturellement validée par des raisons identiques à celles présentées dans notre première partie. Aussi dirons-nous qu'en cas de renonciation de la

femme à la communauté, il existe entre le mari signataire de la police et la compagnie assureur une
stipulation pour autrui créatrice d'un droit de créance propre *ab initio* à la femme bénéficiaire du contrat. Entre époux, l'opération s'analyse par une donation de biens propres autorisée par la loi.

Cette solution est non seulement logique mais encore imposée par l'effet rétroactif de la renonciation
de la femme. Il serait impossible en effet de nier que
le mari, en soldant les primes avec des biens réputés
de communauté, n'a pas payé ces annuités avec des
valeurs en réalité à lui propres, puisque si ces valeurs
n'avaient pas été aliénées, elles n'auraient été, à la
dissolution de la communauté, soumises à aucun droit
de mutation comme appartenant pour moitié à la
femme. La nature de propres attribuée, dans notre
espèce, aux primes n'est donc pas discutable.

En résumé, pour donner de l'assurance sur la vie
entre époux une analyse qui fasse produire effet à la
volonté du stipulant, il importe de connaître d'une
façon exacte la nature des biens fournis en primes.
Les conditions dans lesquelles intervient la convention sont en effet toutes différentes. Dans un cas,
le mari dispose d'un bien sur lequel il a un pouvoir
absolu, d'une valeur soustraite à l'influence des
règles matrimoniales. Dans l'autre hypothèse, au
contraire, il fournit en prestation un élément du

patrimoine commun, soumis quant aux rapports des époux entre eux à des règles restrictives.

§ 2. — Assurance mutuelle au profit du survivant.

S'il était besoin en faveur de notre théorie d'un dernier argument, je n'hésiterais pas à le trouver dans la solution aussi juridique qu'équitable que, seule de tous les systèmes proposés, cette théorie nous permet de donner relativement à une opération d'assurance « si sage, si morale et si salutaire, au dire de M. Labbé, que l'on doit souhaiter par dessus tout qu'elle s'exécute telle qu'elle a été conçue ». Je veux parler de l'assurance mutuelle entre époux au profit du survivant, hypothèse dans laquelle les primes proviennent toujours de la caisse commune. L'application à ce cas spécial de notre analyse nous conduit naturellement à une solution conforme au but poursuivi par les parties. D'une part en effet la compagnie vend aux époux une action capable de l'obliger en justice à faire une offre, à ébaucher un contrat. Les conjoints promettent de leur côté une rémunération annuelle. Rien de plus légal que cette convention dont le résultat sera de rendre la communauté propriétaire de l'action contre l'assureur. Cette conséquence s'impose, étant donnée l'origine des primes. A la dissolution du mariage la femme accepte la communauté ou bien y renonce. Dans le

premier cas, chaque époux pourra mettre en mouvement l'action ; car tous les deux sont copropriétaires
de l'actif commun. Par contre, en cas de renonciation de la femme ou de ses héritiers, il faut distinguer quel est le survivant pour savoir en quelle qualité il obtient le capital assuré. Si le mari survit,
l'action étant devenue sa propriété exclusive, il est
réputé s'être assuré lui-même sur la tête de sa femme.
S'il est au contraire prédécédé, on le considère
comme ayant fait avec des deniers à lui propres une
stipulation en faveur de sa femme. L'opération s'a-
nalyse dès lors comme une assurance contractée à
l'aide de biens propres. Dans quelque situation qu'on
se place, la solution est donc toujours identique :
concession au survivant à titre de propre du capital
assuré.

Tout système faisant à l'inverse naître la créance
contre la compagnie avant la dissolution de la communauté, se heurte infailliblement aux articles 1395,
1595 et 1097. Les partisans de ces théories n'échap-
pent à l'un de ces textes que pour se mettre immédiatement en contradiction avec un autre. Et rien
ne semble plus malaisé que de les éviter tous trois.
La créance étant en effet réputée née sitôt la signature de la police, on a voulu considérer l'acte, par
lequel cette créance était ensuite transmise en propre au bénéficiaire, soit comme un contrat à titre
onéreux, soit comme une donation. Et pour soutenir

ces dernières opinions les auteurs ont toujours re-
produit plus ou moins les arguments autrefois présentés pour déterminer la nature d'une rente viagère réversible sur la tête du conjoint survivant.
Les monuments de jurisprudence sont sur ce point
fort rares. Une espèce (1) cependant eut un grand
retentissement dans le monde des assurances, la
Cour suprême ayant été appelée à se prononcer. En
rappelant les diverses phases de ce procès, nous se-
rons logiquement amenés à étudier les opinions en
présence : car si la Cour de cassation maintint l'arrêt
attaqué, ce fut par des motifs tout autres que ceux
invoqués par la Cour de Douai. Or cette dernière
juridiction avait elle-même réformé la décision du
tribunal de Cambrai. Voici quelle était l'espèce.

La femme T... réclamait un capital de 20.000 fr.
montant d'une assurance conjointe avec son mari au
profit du survivant. T... était mort peu de temps
après avoir été déclaré en faillite. Le syndic de la
faillite prétendait, au contraire, la femme T... sans
droit au capital assuré, par suite de sa renonciation
à la communauté dans laquelle figurait suivant lui
la somme assurée. Les prétentions du syndic furent
admises par le tribunal de Cambrai le 26 août 1875.
Le jugement constate que les époux étant mariés
sous le régime de la communauté, toute acquisition

(1) Affaire Théodat, D. 77, II, 241. S. 77, II, 33, avec note de
Lyon-Caen.

faite par eux conjointement doit être commune, et que par suite l'attribution de la créance en propre au survivant violerait l'article 1395. Telle est, à mon sens, la seule doctrine juridique logique dès que l'on considère la créance comme ayant existence au jour de la signature de la police. Cette créance ne peut qu'être commune comme produite par des deniers communs ; et dans l'avenir, nous l'avons constaté, l'article 1395 s'oppose, d'une façon aussi formelle qu'énergique, à ce qu'elle devienne propre à l'un des conjoints. Ce raisonnement n'est cependant pas tout à fait celui du tribunal de Cambrai, qui autorise les époux à se faire donation de leur part dans la communauté (ce qui, pour moi, est en contradiction absolue avec le principe de l'immutabilité des conventions matrimoniales) et n'arrive par suite à rejeter la demande de la femme Théodat que par le motif d'une donation réciproque entre époux constatée par un seul et même acte, nulle en vertu de l'article 1097. Ainsi que je l'ai dit, il n'était point nécessaire d'aller si loin et la première partie des considérants suffisait bien pour donner gain de cause aux créanciers.

Cette décision, choquant évidemment l'intention qu'avaient eue les parties en contractant l'assurance, fut réformée par la Cour de Douai le 26 janvier 1876 (1). Mais comment la Cour analyse-t-elle l'acte

_____

(1) S. 77, II, 33, avec note de M. Lyon-Caen.

qui va procurer en propre à la femme le bénéfice de l'assurance ? « Attendu, dit l'arrêt, que le contrat d'assurance susénoncé ne peut être considéré comme renfermant une donation mutuelle et réciproque entre époux, *ce contrat étant à titre onéreux* puisque chacun des époux consent à perdre sa part en cas de prédécès, pour gagner en cas de survie le montant intégral de l'assurance ». Nous sommes ainsi en présence de la théorie de l'échange, préconisée par M. Paul Pont (1) et adoptée par des arrêts de la Cour de Paris (2) et de la Cour de Rennes (3). Par le fait du contrat principal passé avec la compagnie, chaque époux est créancier de la moitié du capital assuré dont la créance est tombée à titre d'acquêt dans la communauté. Par une convention accessoire, chaque époux renonce au droit certain qu'il possède sur la moitié de la créance assurée pour acquérir le droit éventuel à la totalité de cette somme, sous condition du prédécès de son conjoint. L'acte intervenu entre les époux constitue donc une sorte d'échange.

Ce système se trouve d'ores et déjà réfuté par la démonstration que nous avons faite de l'impossibilité de rendre propre à un époux une acquisition à titre onéreux opérée avec des deniers communs

(1) *Petits contrats*, XXI, 701.
(2) D. 65, II, 75. — S. 65, II, 5.
(3) *Pandectes françaises*, 88, II, 188.

(art. 1395). De plus l'article 1707 du Code civil ne rend-il pas applicables à l'échange toutes les règles de la vente ? Or l'article 1595 n'interdit-il pas, d'autre part, la vente entre époux ? En vertu de l'article 1595, nous devons donc conclure que tout échange de biens est prohibé entre conjoints.

La Cour de Douai a-t-elle reconnu elle-même la fragilité de son assimilation de l'assurance mutuelle à l'échange ? Il serait au moins permis de le supposer : car cet argument lui semble insuffisant, puisque à peine l'a-t-elle invoqué, que nous la voyons changer de système et soutenir que « Théodat en s'assurant sur la tête du survivant a nécessairement voulu que la femme survivante recueillît le capital assuré *à titre de libéralité*, dans le cas où elle répudierait la communauté ; attendu que cette libéralité ne se rattache point à une libéralité réciproque, le mari ne recevant rien dans le cas donné ; que, par suite, la disposition est valable vis-à-vis de la femme comme elle le serait vis-à-vis d'un tiers, qu'il y a donc lieu d'en ordonner l'exécution ».

Il n'y a aux yeux de la Cour qu'une seule donation et non pas deux libéralités, et cela uniquement parce que le mari n'a rien pu recevoir ; la libéralité faite par la femme à son conjoint n'a, dit-on, jamais dans ces conditions pris naissance. M. Lyon-Caen, dans la note précédemment citée, critique cette façon de penser avec une telle logique que son argumentation

mérite d'être textuellement reproduite. « La manière subtile dont la Cour a envisagé l'opération est
tout à fait erronée. Pour apprécier sa nature, pour
déterminer si elle contient une libéralité ou deux, il
faut se placer au moment où elle est intervenue et
ne pas considérer exclusivement ses résultats, comme
le fait à tort, selon nous, la Cour de Douai. Il est
certain, à nos yeux, qu'il y a bien deux libéralités.
La preuve en est que le mari aurait pu recueillir,
tout aussi bien que la femme, le capital entier de
l'assurance. Si, dans l'espèce, le mari n'a rien à réclamer, c'est que la condition de survie sous laquelle
la libéralité lui avait été faite ne s'est pas accom-
plie. En un mot, dans l'espèce, il y a bien deux libéralités mais ce sont deux libéralités conditionnelles et
la condition de laquelle dépend l'une étant contraire
à celle à laquelle est subordonnée l'autre, il est impossible que ces deux libéralités produisent leurs
effets simultanément ». Il est, à mon avis, fort difficile de nier la dualité des donations, nous trouvons
bien dans cet acte en effet deux donateurs : le mari
et la femme, chacun copropriétaire pour moitié ;
deux donataires : le mari et la femme appelés tous
deux à recevoir à titre gratuit ce qui ne leur appar-
tenait pas ; enfin deux objets donnés : chacune des
deux moitiés du capital assuré. Peu importe ensuite,
ainsi que le dit M. Lyon-Caen, les modalités qui af-
fectent ces donations et l'incompatibilité qui empê-

che les deux donations de s'accomplir en même temps. Les deux donations existent bien au moment où les époux contractent, elles sont mutuelles, contenues dans une police unique, partant nulles et la Cour de Douai n'a pas réussi à éluder la prohibition de l'article 1097.

La Cour de cassation, appelée à son tour à statuer, a tenu à ne pas méconnaître l'intention des parties : aussi a-t-elle donné gain de cause à la femme Théodat. Elle a toutefois renié l'argument basé sur le caractère à titre onéreux de l'acte et a semblé, par là même, reconnaître toute la force des objections fondées sur les articles 1395 et 1595. Pour la Cour de cassation, cette convention est donc un acte à titre gratuit, constituant une double libéralité conditionnelle de la part de chacun des époux au profit de l'autre. Mais alors comment éluder l'article 1097 ? « Attendu, dit l'arrêt, que de l'alternative prévue au contrat est résulté pour chacun des époux un droit éventuel à la somme assurée, soumis en même temps à la condition suspensive de sa propre survie et à la condition résolutoire du prédécès de son conjoint ; que la branche de l'alternative favorable à la femme s'est réalisée par le prédécès de son mari, le droit éventuel de ce dernier a été résolu et celui de la femme survivante a été au contraire rendu définitif par l'accomplissement de la condition suspensive à laquelle il avait été soumis : que, par suite, les droits de la veuve Théodat doivent être réglés comme si l'assurance avait été contractée par le mari seul, sur sa propre vie, au profit de sa femme survivante; que d'ailleurs, il résulterait des termes du contrat, souverainement interprété par les juges, que le mari avait nécessairement voulu que sa femme survivante recueillît le capital assuré à titre de libéralité, dans le cas même où elle renoncerait à la communauté ». D'après ce dispositif, les deux donations existent bien par le fait même de la signature de la police par les deux époux. Mais, et c'est là le moyen par lequel la Cour entend se soustraire à la sanction édictée par l'article 1097, une de ces donations, ici celle de la femme au mari, se trouve résolue par l'effet rétroactif de la condition à laquelle sa validité était soumise. Par conséquent, s'il y avait deux libéralités lors du contrat il n'en subsiste définitivement qu'une seule échappant à l'article 1097, aux termes duquel les donations mutuelles définitivement réalisées sont seules prohibées.

Cette argumentation n'est point, à mon avis, convaincante. Elle manque totalement de logique : de l'instant en effet où l'on admet, comme la Cour de cassation, que deux donations ont réellement existé dans le contrat d'assurance, on déclare par contre-coup l'article 1097 applicable. Celui-ci annule en effet toutes tentatives de donations mutuelles et réciproques, il les déclare non valables du jour où elles prennent naissance. Dans notre hypothèse, la donation faite par le mari à sa femme n'a donc pas plus de valeur que celle émanant de cette dernière. Aucune d'elles ne peut produire effet, puisque *ab initio* elles tombaient l'une et l'autre sous l'application de l'article 1097. Il n'y a donc pas lieu de se préoccuper de l'effet des conditions, qui ne pourront certainement pas valider un acte législativement déclaré nul.

M. l'avocat général Bédarride, dans ses conclusions sur l'affaire Théodat, a tenté d'écarter le fâcheux article 1097. Au dire de ce magistrat, ce texte édicterait une règle de pure forme, non applicable dans une donation faite accessoirement à un autre acte, suivant le principe énoncé dans l'article 1973. Remarquons seulement que, sous son apparence peut-être formaliste, l'article 1097 a pour but de sauvegarder une règle de fonds exprimée dans l'article 1096. Il est, pour ainsi dire, la sanction imaginée par le législateur pour assurer le respect par les époux du principe de la révocabilité des donations qu'ils peuvent se faire. Or cette faculté de révocation *ad nutum* étant de l'essence même de la donation entre époux doit être par suite respectée dans toutes les donations, aussi bien accessoires que principales. Chaque fois qu'un conjoint fait une libéralité à l'autre, l'article 1097 se trouve donc applicable.

En résumé des trois solutions rendues dans l'espèce, celle du tribunal de Cambrai nous semble la plus logique : car de l'instant où l'on considère la créance contre l'assureur comme prenant naissance au jour de la signature de la police, on se condamne à lui attribuer irrévocablement la nature de bien commun. Tout acte par lequel un époux est censé, dans l'assurance mutuelle, céder sa part du capital assuré est en effet toujours prohibé, qu'on veuille y voir un échange (comb. art. 1707 et 1595) ou bien une double donation (art. 1097). Notre théorie s'impose donc encore si l'on veut, sans froisser les principes juridiques établis, adopter la solution si équitable de la Cour de cassation.

SECTION II

EFFETS.

Dans notre première partie, nous avons vu que le bénéficiaire de l'assurance ne profitait pas complètement du capital assuré. Les héritiers et créanciers du stipulant peuvent, avons-nous dit, se faire attribuer le montant des primes soldées et sorties du patrimoine propre du *decujus*. Dans notre espèce, les primes, étant payées avec des biens communs, doivent-elles aussi faire retour au patrimoine qui les a fournies? L'intérêt pratique de la question est ici moins important que dans l'hypothèse de notre première partie : car la femme recouvrera toujours en qualité de commune la moitié des primes qu'elle aura versées à la compagnie.

Le droit pour la communauté de demander au bénéficiaire récompense des primes ne saurait être, à mon avis, l'objet d'une discussion sérieuse. L'action par laquelle la compagnie a été mise en demeure d'acquitter le capital assuré faisait en effet partie de la communauté. Or, comme d'autre part, elle a procuré à la femme un avantage personnel l'article 1437 se trouve applicable. La loi ne distingue pas si l'a-

vantage a été ressenti par un des époux antérieurement ou postérieurement à la dissolution de la communauté. Elle emploie au contraire les termes les
plus généraux et les plus extensifs « *toutes les fois,*
dit-elle, *qu'un avantage a été procuré* ». La seule
preuve par les ayants cause de l'autre conjoint du
profit retiré suffit donc pour qu'il y ait lieu à récompense. Rien ne sera plus facile, dans notre hypothèse, que la détermination du montant de cette récompense. Pour s'en convaincre, il suffit de se rendre
compte des diverses phases de la liquidation d'une
communauté. Le partage de l'actif social nécessite
en effet un inventaire des biens de communauté,
parmi lesquels figure l'action contre la compagnie
d'assurances. Or pour estimer cette valeur, il est
nécessaire de mettre l'action en mouvement. La
compagnie assureur se trouvera par suite en demeure
d'exécuter son engagement. Deux choses peuvent
alors se produire : ou bien la femme décline la pollicitation faite par la compagnie et le montant de la
créance est attribué à la communauté ; la valeur de
l'action est par le fait même déterminée ; ou bien la
femme accepte le capital assuré et la communauté ne
reçoit rien du chef de l'action. Lorsqu'il s'agira d'é-
tablir les comptes destinés à déterminer les droits de
chaque époux sur la communauté, les créanciers ou
héritiers, en un mot les ayants cause du mari diront
à la femme : « L'action dont la communauté était

propriétaire ayant profité à vous seule, vous avez
retiré d'un bien de communauté un avantage personnel. A ce titre, l'article 1437 vous est applicable.
Cette action ne nous ayant rien rapporté ne doit, à nos
yeux, être estimée que son prix d'achat par la communauté ; c'est donc du montant des primes soldées
que vous nous êtes redevable ». Ce raisonnement ne
présente, je crois, rien qui ne soit conforme à la logique la plus stricte. En pratique, les choses se pas-
seront évidemment plus simplement ; mais j'ai tenu
à bien montrer que l'analyse la plus détaillée échap-
pait à tout reproche au point de vue juridique. Je
dois cependant ajouter que je ne saurais, sur cette
question des récompenses, me réclamer d'aucune
autorité : car M. Thaller lui-même, après avoir établi son système, n'en a point examiné les résultats
pratiques à l'égard des tiers.

Cette obligation à récompense n'est pas admise
par tous les systèmes proposés. Nombreux sont les
auteurs (1) et les arrêts (2) que l'analyse, donnée

(1) Levillain, note sous Dalloz, 79, II, 29. — Herbault, *op. cit.*,
p. 243. — Couteau, *op. cit.*, II, p. 597. — Bazenet, *op. cit.*, p. 130.
— Guillouard, *Cont. de mar.*, II, p. 162. — Clos, *op. cit.*, p. 127.
— Blin, *op. cit.*, p. 128. — Labbé, note S. 77, I, 337. — Lyon-
Caen, note S. 77, II, 33.

(2) Cass., 9 mai 1881, D. 82, I, 97. — Nancy, 21 janv. 1882, D.
82, II, 174. — Paris, 5 mars 1886, *J. Ass.*, 86, 269.— Douai, 14 fév.
1887, S. 88, II, 49.— Bourges, 7 mai 1888, S. 89, II, 16.— Fontai-
nebleau, 2 fév. 1893, *Recueil Ass.*, 93, p. 348.

par eux, du contrat d'assurance oblige à repousser notre opinion. Si l'on considère en effet, ainsi que dans toutes les autres théories, la femme comme ayant droit à la somme assurée, mi-partie à titre de copropriétaire copartageante et mi-partie en qualité de donataire du mari, elle ne doit évidemment rien en récompense : car ce système implique forcément pour le mari le droit de disposer des effets mobiliers en vertu de l'article 1422. La femme ne profite dans cette hypothèse d'aucun bien de communauté ; la créance, qui lui échoit, comprenant en effet deux moitiés dont chacune est propre à l'un des époux, ne peut donc pas être qualifiée de bien commun. L'article 1437 n'est par suite pas applicable.

Néanmoins notre solution de l'obligation à récompense a paru si équitable que certains tribunaux (1) n'ont pas hésité, pour l'adopter, à faire échec à leur théorie principale. N'est-il pas en effet juste que, si la femme obtient *jure proprio* le droit au capital assuré, les intérêts des créanciers de la communauté et du mari n'aient pas à en souffrir. Comment admettre que, dans le but de procurer à sa femme une certaine aisance, le mari ait la faculté de soustraire

---

(1) Trib. civ. de Meaux, 8 mars 1877, *J. Ass.*, 77, p. 356. — Trib. Clermont, 16 mai 1879, *J. Ass.*, 79, 404. — Nancy, 21 janv. 1882, S. 83, II, 35. — Bar-le-Duc, 18 mars 1886, *J. Ass.*, 86, 266. — Clermont-Ferrand, 24 mai 1886, S. 86, II, 321. — Seine, 15 nov. 1892, *J. Ass.*, 93, 55.

chaque année, du gage de ses créanciers, une somme assez élevée, bien que cependant non assez importante pour donner ouverture à l'action paulienne ! Les assurances sur la vie ne doivent, à mon sens, être protégées et encouragées qu'autant qu'elles ne sont point la source de fraudes et d'indélicatesses, que la loi ne pourrait atteindre.

Les conséquences pécuniaires de notre théorie à l'égard des tiers sont donc un nouvel argument en sa faveur, puisque, tout en respectant les textes du Code, elles satisfont pleinement l'équité.

En résumé tous les résultats pratiques de notre système le recommandent à l'attention de la jurisprudence. Les droits de la communauté sont tout d'abord respectés ; l'article 1395, aux termes duquel tout bien acquis de deniers communs est commun, y est appliqué dans l'attribution à la communauté de l'action contre l'assureur. La volonté du stipulant est également sanctionnée. Comment en effet ne serait-elle pas propre au bénéficiaire, cette créance qui ne naîtra qu'une fois la communauté dissoute ? Enfin les créanciers de la communauté ont, dans l'article 1437, un moyen certain de n'être pas frustrés du montant des primes soldées, ce qui, dans certaines hypothèses, pourrait leur être fort préjudiciable. — Par contre, les autres systèmes, proposés soit par les auteurs soit en jurisprudence, ne conduisent, je crois l'avoir suffisamment démontré, à des

résultats aussi équitables qu'en portant atteinte au
principe d'ordre public de l'immutabilité des conventions matrimoniales ou en ne tenant pas assez
compte de telle ou telle règle édictée par un texte du
Code.

———————

CONCLUSION

Cette étude du contrat d'assurance entre époux, c'est-à-dire dans l'hypothèse où cette convention soulève le plus grand nombre de difficultés, nous permet de répondre à la question de législation posée au début de ce travail. Nos Codes sont-ils d'une insuffisance telle que l'urgence d'une loi sur les assurances se fasse sentir d'une façon impérieuse ?

L'affirmative me semble difficile à admettre, bien que la majorité des auteurs l'ait cependant adoptée. Nous venons en effet de nous rendre compte de la possibilité pour nos tribunaux de satisfaire à la fois la logique et l'équité. Les progrès accomplis, pour ainsi dire, journellement par notre jurisprudence font de plus espérer que bientôt, par le seul effet de son développement régulier, elle établira une théorie aussi indiscutable dans son analyse juridique qu'irréprochable dans ses résultats. Sur ce dernier point du reste, l'accord est presque conclu puisque tous les systèmes veulent aboutir à des conséquences identiques. Seules les voies suivies diffèrent. Tant

que les principes fondamentaux du contrat d'assurance ne seront pas plus nettement dégagés, le législateur ne saurait utilement intervenir. Plus que
tout autre en effet il est mal placé pour trancher la
question. Les tâtonnements lui sont interdits, ses
décisions doivent être catégoriques et immuables. A
l'heure actuelle, toute prescription rigoureuse de sa
part serait prématurée et pourrait par suite entraîner les conséquences les plus fâcheuses.

Quelle serait au surplus cette loi dont on réclame
avec tant d'instance l'élaboration ? Si nous en jugeons
par les projets soumis à la Chambre des députés en
1887 et 1889 cette réglementation se bornerait à reproduire les principes admis par la jurisprudence la
plus récente. Or savons-nous ce que deviendraient
ces projets, ayant pour but de confirmer une pratique courante et constante, à la suite d'une discussion
plus ou moins confuse, d'amendements successifs
proposés et votés par des personnes en majorité peu
familiarisées avec les principes du droit et les besoins
de l'institution en cause ? Que de projets excellents
ont abouti à des lois fâcheuses après des remanie-
ments maladroits !

Plutôt que de courir les risques d'une législation
imparfaite, laissons donc la jurisprudence remplir le
même rôle que le préteur romain à l'égard du droit
civil. Nos tribunaux ont jusqu'ici suppléé au silence
de la loi, leurs solutions sur toutes les questions se

sont actuellement uniformisées, et seront les mêmes tant qu'il n'y aura point de graves motifs de les modifier. Dans ces conditions, sanctionner le présent ne peut avoir qu'un résultat : empêcher de nouveaux perfectionnements pour l'avenir.

Vu :
Le Président de la thèse,
F. SURVILLE.

Pour le Doyen en mission,
Vu par l'assesseur délégué :
G. DE LA MÉNARDIÈRE.

Vu et permis d'imprimer :
Le Recteur,
GABRIEL COMPAYRÉ.

TABLE DES MATIÈRES

Imp. G. Saint-Aubin et Thevenot. — J. Thevenot, successeur, Saint-Dizier (Hte-Marne).

www.ingramcontent.com/pod-product-compliance
Lightning Source LLC
Chambersburg PA
CBHW072313210326
41519CB00057B/4995